Renata Fronzi

*Chorar de Rir*

GOVERNO DO ESTADO DE SÃO PAULO
RESPEITO POR VOCÊ

| | |
|---|---|
| Governador | Geraldo Alckmin |
| Secretário Chefe da Casa Civil | Arnaldo Madeira |

imprensaoficial

**Imprensa Oficial do Estado de São Paulo**

| | |
|---|---|
| Diretor-presidente | Hubert Alquéres |
| Diretor Vice-presidente | Luiz Carlos Frigerio |
| Diretor Industrial | Teiji Tomioka |
| Diretora Financeira e Administrativa | Nodette Mameri Peano |
| Núcleo de Projetos Institucionais | Vera Lucia Wey |

CULTURA
Fundação Padre Anchieta

**Fundação Padre Anchieta**

| | |
|---|---|
| Presidente | Marcos Mendonça |
| Projetos Especiais | Adélia Lombardi |
| Diretor de Programação | Rita Okamura |

**Coleção Aplauso Perfil**

| | |
|---|---|
| Coordenador Geral | Rubens Ewald Filho |
| Coordenador Operacional e Pesquisa Iconográfica | Marcelo Pestana |
| Projeto Gráfico e Editoração | Carlos Cirne |
| Assistente Operacional | Andressa Veronesi |
| Revisão Ortográfica | Heleusa Angélica Teixeira |
| Tratamento de Imagens | José Carlos da Silva |

# Renata Fronzi

*Chorar de Rir*

por Wagner de Assis

CULTURA
Fundação Padre Anchieta

imprensaoficial

São Paulo, 2005

**Dados Internacionais de Catalogação na Publicação**
**Biblioteca da Imprensa Oficial do Estado de São Paulo**

Assis, Wagner
Renata Fronzi : chorar de rir / por Wagner de Assis. – São Paulo : Imprensa Oficial do Estado de São Paulo : Cultura – Fundação Padre Anchieta, 2005.
184p.: il. - (Coleção aplauso. Série perfil / coordenador geral Rubens Ewald Filho)

ISBN 85-7060-233-2 (obra completa) (Imprensa Oficial)
ISBN 85-7060-343-6 (Imprensa Oficial)

1. Atores e atrizes de teatro – Biografia. 2. Atores e atrizes de televisão 3. Atores brasileiros 4. Lacerda, Renata Fronzi I. Ewald Filho, Rubens. II. Título. III. Série.

CDD 791.092

Índices para catálogo sistemático:

1. Atores brasileiros : Biografia : Representações públicas 791.092

Foi feito o depósito legal na Biblioteca Nacional (Lei nº 1.825, de 20/12/1907).

Imprensa Oficial do Estado de São Paulo

Rua da Mooca, 1921 - Mooca
03103-902 - São Paulo - SP - Brasil
Tel.: (0xx11) 6099-9800
Fax: (0xx11) 6099-9674
www.imprensaoficial.com.br
e-mail: livros@imprensaoficial.com.br
SAC 0800-123401

*Aos meus mestres,*
*meu pai, Cesar Fronzi,*
*meu marido, Cesar Ladeira.*

**Renata Fronzi**

## Introdução

Durante muitos anos, como jornalista do departamento de divulgação da Central Globo de Comunicação na Rede Globo, tive a oportunidade de entrevistar artistas. Nesse tempo, pude aprender inúmeras lições sobre essa difícil tarefa – para muitos uma arte – de apurar, perguntar, ouvir, pensar, imaginar, compartilhar, etc. Assim, pude criar uma espécie de catálogo particular de entrevistados. Listando-os, encontrei grupos de monossilábicos, que não saem do sim, não, talvez. Outros primam pela verborragia, falam sobre assuntos diversos, mas nunca respondem objetivamente. Há também os lugares-comuns, tipo esse personagem é um presente, muito usado atualmente. Claro que há os aulas-vivas, que nos ensinam muito.



De qualquer forma, seja em qualquer das faixas em que se encontra, cada entrevista é sempre um jogo intelectual de idéias, onde todos ganham ou não – até porque os entrevistadores também podem ser classificados em inúmeras faixas; é um jogo marcado por descobertas, surpresas e mesmo frustrações. Ouvir algumas personalidades do meio artístico brasileiro sempre traz pontos de exclamações e algumas reticências. Mas nunca passa em branco.

Dei toda essa volta para contar de coração aberto como a senhora, com a qual o prezado leitor terá o prazer de compartilhar suas memórias, é uma atriz rara. Sua entrevista pode ser classificada do estilo difícil porém altamente valiosa e compensadora. Primeiro porque brigamos contra a memória. Não uma luta declarada, mas árdua, travada pergunta a pergunta. Porém, não deixou mágoas, muito menos tristezas. Quando as lembranças não vinham, nem mesmo com a ajuda da pesquisa, a entrevistada dava um resolvido não lembro, um jogo de ombros e pronto, íamos em frente. Sem medo, sem delongas, ou mesmo aquele peraí que vou lembrar angustiante que pode levar a eternidade de alguns segundos.

Havia certos assuntos em que os detalhes faltavam mesmo. Como as peças de revista da década de 1940. Com poucas referências de pesquisa, com poucos detalhes na memória, vieram à tona somente os grandes momentos. Mas, em contrapartida, ao perceber a ausência dos fatos, a mente reagia e deixava transparecer um brilho diferente no olhar, demonstrando que a emoção, ela sim, estava viva, bem presente, deixando a voz semi-embargada, perdendo o olhar no infinito para lembrar do aplauso do público, das risadas, do prazer do palco, da magia da arte. Pronto, tudo estava dito. Dessa forma, a memória oficial andava longe, mas a emotiva demonstrava-se eternizada.



Durante algumas vezes, ao longo dos papos, pensei no chá da madeleine, de Marcel Proust. Não por coincidência, as entrevistas foram quase sempre acompanhadas por um delicioso chá de maçã com um pedaço da fruta dentro – o que dá aroma e gosto inesquecíveis. Era isso. Estávamos em busca de um tempo perdido e inconscientemente usamos todas as estratégias para resgatar, de um vasto arquivo de emoções, os fatos e detalhes de uma carreira recheada de sucessos e de um currículo com um número portentoso de projetos. Só que, às vezes, o chá não tinha o efeito proustiano. Mesmo que fizesse – isso descobri depois – parte da sua infância. Nem o cheiro, nem as imagens, nem o esforço abriam a janela do passado. Tudo bem. Ficávamos no aroma do sentir, através daqueles papos, as emoções, com toda a força de uma atriz apaixonada pela arte de atuar. No balanço final do jogo, saímos todos ganhando. Porque no final fica este relato, com o Aplauso eterno desta Coleção. Quem viveu na época de Renata vai lembrar junto e se emocionar junto. Quem não viveu, vai poder parar e pensar que há muito mais arte além do que se vê por aí.



A segunda pseudoclassificação que dei para esta série de entrevistas é fácil de perceber ao longo dos capítulos a seguir. Mas um aviso: a recompensa vem lentamente, envolvendo o leitor aos poucos, assim como envolveu o entrevistador ao longo de papos sempre bem-humorados.

Porque Renata não é melodramática ao falar. Pelo contrário. É comediante mesmo na vida. Com todo o conhecido jeitão italiano, é prática, intensa e demonstra ser resolvida sim. Tá certo, deve doer em algum lugar d'alma lembrar do passado tão glorioso. Afinal, não se habita o estrelato de um país por três décadas, no mínimo, impune. Mas, digna de seu ofício, tal qual lady que sabe fazer reverência para agradecer aplausos, Renata não chorou de tristeza, embora tenha se emocionado. Também não foi nostálgica, embora tenha suspirado quando fizemos juntos sua reentrée mental nos estúdios da Metro, em Hollywood, onde esteve por algumas vezes, para ensaios fotográficos ao melhor estilo Audrey Hepburn, Greta Garbo, etc.



Em muitas das vezes, ela não segurou foi o orgulho mesmo. De seu marido, o quase advogado (estudou, mas não se formou), mas principalmente radialista, escritor, produtor e conhecido mundialmente como locutor, Cesar Ladeira (1910 – 1969), talvez uma das vozes mais conhecidas do Brasil. Dos amigos, uma lista que tem Procópio Ferreira, Juscelino Kubitscheck, Oscarito, Grande Otelo, Carmem Miranda e por aí vai. Com outros, a saudade bateu forte. Ao narrar a última conversa com o amigo, ator e diretor Moacyr Deriquem, o belo Moa, como ela dizia, a voz embargou. Mas não deixou a lágrima verter. A tristeza tem pouco espaço nesse livro como parece ter uma dificuldade danada para fazer parte da vida de Renata. No fundo, cedeu lugar pro riso. Riso de si mesmo, com humor grandioso. *"Tá vendo o que dá fazer livro com gente velha? Vai ter que pesquisar dobrado..."* Riso do mundo: *"Os nomes desses filmes que eu fiz deveriam ser* 'Abriram a porta do museu' *de tanta gente velha que tem..."* Nem mesmo a ausência de trabalho, precedida de um silêncio leve, venceu. Foi logo seguida de um *"quero trabalhar"* empolgado e juvenil.



No final das contas, Renata Fronzi é uma artista que olha o passado com a sabedoria de quem não pode mais dominá-lo (pode parecer uma afirmação óbvia, mas tem um monte de pessoas que não consegue vivenciar os novos tempos de suas carreiras), sem deixar-se abater nem fazer o personagem da vítima esquecida por causa de uma época de celebridades frívolas. Não deixa de reclamar do que ela classifica como a invasão de bundas na televisão e, principalmente, da falta de criatividade nos programas de humor. Mas o faz com a propriedade de quem viveu uma época vitoriosa e de talento comprovado. Ela tem o direito de falar.

Assim, depois de algumas reuniões em sua casa no bairro do Jardim Botânico, depois de olhar algumas fotos recuperadas por sua neta Anna – já que em sua casa havia apenas uma pequena quantidade em cima da cômoda – a quem devo agradecimentos pela ajuda neste livro e também um singelo parabéns pela dedicação à memória da família; depois de pesquisar sobre os musicais de revista; rever chanchadas; ou mesmo atentar para prédios na cidade que outrora foram locais de apresentações, como o tão citado Teatro Jardel Filho, hoje uma loja em plena Nossa Senhora de Copacabana, depois disso tudo, fiz um balanço sobre nossa homenageada.

E quer saber? Renata merece estrela na calçada da fama. Merece essa homenagem aqui. Merece ser chamada para novos trabalhos – quem sabe um personagem de uma senhora bem-humorada, que ri do mundo, apesar das lágrimas que a cercam? Colegas roteiristas e diretores, produtores de elenco, uni-vos porque dona Renata é garantia de riso, de comédia, de entretenimento e arte.

Por isso, não vou mais discorrer milhares de elogios. Até poderia fazer, sem o menor pudor de contrariar uma das regras do bom jornalismo. Eles não faziam parte do meu discurso antes de começarmos a conversar, confesso. Quando Rubens Ewald Filho me falou sobre participar desta série de biografias, e estávamos no brainstorm de nomes, ele citou Renata Fronzi. Eu pensei: *"Só lembro dela no filme da Carla Camurati e da Família Trapo"*, que vi em reprises. Aceitei. E vi que minha memória também havia me traído. Eu lembrava de Renata quando vi *Assim Era a Atlântida*, lembrava dela em *Memorial de Maria Moura* – o único personagem que chorava em sua carreira; lembrava dela em parceria com o comediante Ronald Golias e mais um monte de outros trabalhos. Eita memória fraca a nossa...

Para minha alegria, eu não entrevistei somente uma atriz com inúmeras coisas para contar por causa de seus 78 anos e dois meses de carreira (porque, para quem literalmente aprendeu a andar no palco, como o primeiro capítulo logo revela, a vida e a carreira se misturam de tal forma que não dá pra contabilizar uma sem a outra). Sinto-me, na verdade, como se tivesse entrevistado uma época inteira, décadas de um Brasil que acabou oficialmente, mas ainda existe em algum lugar nas memórias mesmo cansadas de alguns representantes legítimos dele.



Por meio dela, pude mergulhar e redescobrir aqueles longínquos, porém glamourosos, tempos dos musicais. Revisitar um país que adorava ver teatros de revista. Rir do ex-presidente Getúlio Vargas todas as noites, por exemplo. Que conheceu Lamartine Babo, Pixinguinha, enalteceu a fama de Ary Barroso. Nesse tempo, Renata dançava, cantava, atuava praticamente todos os dias da semana, *"Eu tinha 18 anos, queria mais"*, e ainda tinha fôlego para filmar madrugada adentro onde... Dançava, cantava e representava.

Pude também aplaudir lindas vedetes e seus figurinos maravilhosos, enaltecendo os de Renata, sempre com as lindas pernas livres para dançar, em poses de vedete. Entrevistar Renata Fronzi também me fez acompanhar operetas ao melhor estilo europeu com características brasileiras. Ver o quanto o gênero, popularíssimo no Velho Continente, corria o Brasil levando histórias universais escritas por gênios e adaptadas pelos artistas brasileiros, como Cesar Fronzi, pai de Renata. Esses artistas interiorizavam-se pelo País fazendo colônias de imigrantes saudosos reencontrarem a alma de seus países em pleno pós-guerra. Enfim, acima das diferenças políticas, aqueles corajosos artistas lançavam-se na estrada, iam onde o povo estava para dar-lhe um alimento precioso: arte.

Como cineasta também pude ver e rever alguns títulos da época das chanchadas, com suas histórias cheias de brasilidade, que me fizeram repensar nestes tempos atuais de uma aclamada – porém lenta e por vezes tumultuada – retomada de mercado. Pensar também como o tempo é senhor de tudo e suprime as diferenças estilísticas pelo bem da história. Hoje, aqueles que criticaram tanto a chanchada por suas simplórias tramas e produções não fazem parte do passado. Eles passaram, mas os filmes não. Embora o gênero esteja praticamente extinto, ainda permanece como uma importante contribuição do cinema ao Brasil. Porque, naquela época, fossem da Atlântida ou da Vera Cruz, os filmes aqui produzidos tinham uma coisa em comum: público dentro dos cinemas. E isso se deve muito por conta de mulheres como Renata Fronzi, mulher atraente, atriz-vedete de sorriso encantador, sempre pronta para ser nossa estrela hollywoodiana mais brasileira.



O sentimento vivo que está presente neste relato aparece também na euforia quando o papo esbarra nos musicais americanos, demonstrando como Fred Astaire, Ginger Rogers e outros ainda estão vivos no coração de Renata; se fizermos um esforço, enquanto Renata fala, é possível praticamente ouvir as palmas, os apupos, o glamour de uma época que, infelizmente, não volta mais. Mas, ao final do texto, duvido se o leitor não estará com a mesma sensação que este que vos fala – a de reviver um pouco desse tempo parcialmente recuperado por esta coleção de biografias. E a de que precisamos mesmo homenagear nossas estrelas, principalmente aquelas que já estão há mais tempo no firmamento do universo artístico.



Antes de terminar, não posso deixar de falar da macarronada. Uma vez cheguei na casa de Renata, num sábado, entrei pela cozinha como sempre, ao melhor estilo melhor lugar da casa, e encontrei-a sentada em frente ao fogão, observando uma panela. Aproximei-me e ela disse sem me olhar: *"Senta lá que tá quase pronto"*. Pronto? Percebi que tinha um lugar a mais à mesa. Era pra mim. Burro, eu tinha marcado outro almoço. Nem atentei para o fato de que poderia saborear da tão sonhada macarronada, freqüentada por suas amigas, ex-atrizes e vedetes, Carla Nell, Anilza Leoni, Maria de Sá, Sandra Otero, Maria Helena Dias. Fizemos a sessão de entrevista – já estávamos na identificação das fotos e suas histórias – e eu tive que recusar o convite. Saí do prédio ainda sentindo o cheiro do molho de tomate. Como pude recusar aquela macarronada? Porque não almocei duas vezes?

Por fim, mas não menos importante, quero deixar registrado um agradecimento ao gato Capeta, que caminhou por cima da mesa, deitou no gravador, miou quando ficou mais de 20 minutos sem receber um mimo de sua dona e retribuiu esfregando seu corpo em nossas pernas. Ele não está mais nesse mundo fisicamente depois de quase duas décadas, mas está vivíssimo na memória de Renata. E nas linhas deste livro fica pra sempre. Assim como a vida de sua dona, uma mulher digna de uma receita rara de talento.



***Wagner de Assis***

*Renata aos 5 anos de idade*

## Primeiro Ato

## Meu País é o Palco

A primeira vez que andei na vida foi quando atravessei um palco. Minha mãe tinha que me carregar com ela porque não tinha com quem deixar um bebê de um ano. Nós estávamos de um lado da coxia, tinha alguém do outro lado do palco acenando para mim. Mamãe estava me segurando e conta que eu indiquei o que queria fazer – ela me largou e eu fui.



Depois, quando fiquei um pouco mais velha, minha mãe achou que não era justo sacrificar uma criança com a vida de uma companhia de teatro. Nós estávamos na Argentina, em excursão. Então, vim para o Brasil porque meus avós, tios-avós, toda a família morava numa grande casa em São Paulo. Era uma típica família italiana. De certa forma, fui criada por meus avós. Mas via meus pais periodicamente, quando eles chegavam de viagem.

Sabe quantos anos eu tenho? Fiz 79 anos. Sou de 1º de agosto de 1925. Nasci na cidade de Rosário, Província de Santa Fé, Argentina. Mas sou naturalizada brasileira. Depois que me casei, eu disse: *"Quero ser brasileira"*. Sempre fui mais brasileira do que argentina. Na Argentina, para onde já fui diversas vezes, não me passa nada de patriotismo, embora eu goste de lá. O fato é que estudei, me criei, casei no Brasil; tenho filhos brasileiros, então, nada mais natural que ser brasileira de coração e de papel passado. Independente disso, acho que meu país é o palco.



Sou filha e neta de artistas. Acredito que meus bisavós também tenham trabalhado com arte. O fato é que a família toda era de teatro, toda de artistas. E eu me encaminhei para o palco como um trabalho, como se fosse a coisa mais comum do mundo. O teatro fazia parte da nossa vida naturalmente. Mas, quer saber a verdade? Eu não sei fazer mais nada! Aprendi esta profissão e não aprendi outra coisa. Às vezes, me arrependo de não ter aprendido a fazer outras coisas. Mas não tinha outro jeito.

Meu pai chamava-se Cesar Fronzi. Meu marido, Cesar Ladeira. Meu filho mais velho, Cesar Fronzi Ladeira – ele tem esse nome porque o sonho do meu pai era ter um filho homem. Só que ele só teve a mim, sou filha única. E mulher. Eu costumo dizer que depois que ele e minha mãe me fizeram perderam a receita. Então, que nem eu, não há (afirma entre risos). Eu dizia para ele que o dia que eu tivesse um filho homem, ele se chamaria Cesar. E foi o que aconteceu, eu cumpri a promessa. Eu tenho dois filhos, o Cesar e o Renato. Minha mãe chamava-se Yolanda Vernati Fronzi.



Meus avós paternos eram bailarinos. Minha avó, Cecília de Bálsamo - fala com sotaque italiano - era bailarina clássica, uma das primeiras bailarinas da companhia onde trabalhava. Mas meu avô, Humberto Fronzi, desenvolveu a arte da mímica, e depois eles criaram uma companhia de mímica.

Meus avós maternos também eram artistas de teatro de operetas. Ele chamava-se Antonio Vernati. Inicialmente, formou-se em engenheiro ou arquiteto, não sei ao certo. E seria o único pingo fora d'água numa família de artistas não fossem os quadrinhos que desenhava, tipo aquarela. Tinha desenhos lindos.

Eu não guardo fotos, não guardo mais nada. Eu era garota quando meu avô morreu - eu tinha paixão por ele - era uma pessoa linda, maravilhosa. Eu ficava o dia inteiro com ele. Ele me ajudava a fazer os meus deveres do colégio, era companheiro, me contava histórias.



Com o tempo, além das aquarelas, ele passou a escrever peças. Tinha um escritório com toda a produção dele, com os livros, as peças. E mais: com o tempo, meu avô também desenvolveu uma voz de tenor e acabou indo atuar no teatro de opereta. Ou seja, virou artista mesmo. Eles começaram na Itália, em Roma. Quando vieram para o Brasil, numa excursão com a companhia onde trabalhavam, gostaram e ficaram.

Quando ele morreu, minha avó, Anna Vernatti, que era bailarina clássica, pegou todos os trabalhos dele e disse: *"Tira tudo daí, ele guardava muito papel. Papel dá barata"*. E tacou fogo em todas as coisas do meu avô. Eu fiquei com aquilo muito marcado na minha cabeça. Aí decidi: quando morrer, meus filhos vão colocar tudo meu na rua e vão tacar fogo. Então, me deixa tacar fogo antes - novamente entre risos.

Eu tinha muita foto aqui em casa. Acho que minha neta Anna ficou com medo de eu queimar tudo mesmo porque ela levou para a casa dela. Disse que vai escrever a história da vida do avô. Eu deixei. É uma história linda, de um homem maravilhoso.



Meu pai também veio para o Brasil com uma companhia italiana. Conheceu minha mãe por aqui; e esta foi a terra onde eles namoraram, casaram e ficaram. E foram trabalhar onde? Em teatro de operetas, claro. Meus pais eram pessoas maravilhosas, talentosas. Meu pai escrevia, dirigia, atuava, sabia tudo da arte de representar.

*Com os pais, Yolanda e Cesar*

Eu entrei para o Teatro Municipal de São Paulo para fazer balé desde pequena, levada pelo meu pai, claro. Logo depois, comecei trabalhando com ele e com a mamãe na companhia da família. Minha formação é toda em torno da área artística. Fui bailarina clássica. Mas claro que perdi a prática com o tempo sem atuar. Se você não fizer todo dia, perde mesmo. A Ana Botafogo, por exemplo, vai parar de fazer ginástica e ensaiar todos os dias? Não pode.

A gente ensaiava, fazia ginástica, aí reclamava um pouco, *"Ai que saco, estou cansada"*, mas não podia parar. Eu também fazia aula com a Dalal Achcar, duas a três vezes por semana. Depois, como os clássicos não eram tão montados, eu comecei a fazer dança moderna. E desenvolvi o canto, estudei muito tempo com a dona Clarice Stuckart.



Até que um dia o meu pai resolveu parar com a companhia e alugou uma grande casa em Santos, onde uma tia-avó já morava porque sofria do coração e não podia morar em São Paulo.

Então, a família inteira se bandeou para o litoral. E eu vivi alguns anos por lá; quando terminei meu colégio, adolescente, comecei a viajar novamente com meu pai, quando ele e minha mãe arrumaram colocação numa companhia italiana, que passou por aqui, e voltaram para a estrada. Ele tinha um ciúme de mim que era uma coisa de louco e dizia: *"Minha filha vai ficar comigo!"*.

Nesse tempo em que moramos em Santos, meu pai nunca ficou parado, sem atuar ou produzir – ele tinha muita amizade em São Paulo, e geralmente dirigia uma peça do Colégio Dante Alighieri, no final do ano, para os padres. Além disso, tinha duas sociedades italianas em São Paulo, a Dopo Lavoro e a outra era Muse Italique, para quem ele também dirigia peças e operetas. Isso tudo de uma forma amadora, porque não tinha cobrança nessas peças.



Foi nesse ambiente que eu cresci. Via as peças, acompanhava a concepção, a montagem, os ensaios. E comecei com eles fazendo teatro amador aos 13, 14 anos, nessas peças que o meu pai montava, que eram baseadas em sua maioria em autores italianos. Mais tarde, eu também já ajudava a dirigir e coreografar as peças da sua companhia.

Nessa época, eu também fiz uma escolha da qual até hoje sou fiel: a comédia. Minhas opções sempre foram pelo riso, pelo humor. Enfaticamente: *Eu não sei se eu produzia riso, se tinha talento, se era engraçada mesmo, mas eu gostava é de fazer comédia*.



A explicação é a minha própria alegria. Eu gosto de coisa alegre, não gosto de coisa triste. Triste, a gente tem tanta coisa na vida. Para que eu vou me aborrecer? Eu quero é fazer uma coisa que eu me divirta também. Que eu sinta que o público ri com a gente. Isso é que é gostoso.

Nunca tive vontade de fazer uma coisa séria. Por isso nunca busquei nem fui convidada para fazer algo que não fosse comédia, sátira, musical. Cada um tem o seu gênero. Cada um faz o que deve saber fazer e tchau. Esse negócio de querer pisar na seara alheia não interessa. Paulo Autran, Tônia Carrero estavam todos no teatro com Shakespeare, fazendo Brecht. São pessoas maravilhosas. Mas eles são desse gênero, eu não era. É algo do tipo *cada macaco no seu galho*, manja?

Por isso, tenho saudade do sorriso do público. Eu adoro fazer comédia no teatro, adoro quando você faz uma coisa engraçada e o público ri, demonstra que gosta. É maravilhoso quando você está em cena e, no final, batem palmas, te agradecem (o olhar se perde, como se as ouvisse literalmente. Depois, "volta" ao presente e continua narrando).



Tem muitos personagens que eu queria fazer, mas que já foram feitos. Então, eu não quero fazer mais. Você tem que ter muito apoio, e grande, para fazer certas coisas. Não adianta querer dirigir uma peça se não tem estrutura para elenco, dinheiro, a montagem do teatro. Tudo isso hoje em dia é muito difícil.

Olhando para minha carreira, inicialmente sinto-me uma mulher mais ou menos realizada profissionalmente. Poderia ter feito outras coisas, mas não deu. É muito difícil todo o processo de preparação e todo o esforço durante as apresentações. Hoje não tenho mais fôlego. Estou cansada. Tenho alguns problemas – tive que operar as duas pernas, na cabeça do fêmur, acho que o osso gastou de tanto dançar. Enfim, o corpo gasta mesmo, né? A idade chega e não tem mais jeito. (Tempo; reflete, muda o tom, desabafa). Mas quer saber? Eu tive o meu quinhão merecido sim! Eu tive sim. Não vou dizer para você que não tive. Fiz trabalhos lindos, dancei muito e, além disso, principalmente, tive um marido maravilhoso, muito carinhoso, que sempre dizia que eu era a mulher mais bonita do mundo; ele era ótimo, eu era tudo para ele. Tive dois filhos homens que me deram sete netas e um casal de bisnetos. O que eu poderia querer mais? Estou realizada na minha vida.



O interessante é que nenhum dos meus filhos e netos quis seguir realmente a carreira de ator/atriz. Meus filhos chegaram a criar uma banda

*Com os filhos pequenos*

chamada *The Bubles*, que era cover dos *Beatles*. Depois, o Renato formou a banda *Erva Doce*, fez produções musicais de algumas novelas da Globo. Hoje tem uma produtora musical. O Cesar fez cinema, uns três filmes, é formado em publicidade e trabalha na área. Não deixa de ter o sangue artístico aí. Mas eles não vivem da arte de interpretar. Você não pode insistir ou obrigar filho a fazer o que não quer.

Ninguém insistiu no meu caso. Eu segui a carreira porque era uma coisa que estava na minha vida. Era o meu trabalho. E eu gostava, claro. Para o Renato e para o Cesar eu pensava... Não vou impor nada para eles. Eu dizia: *"Vocês têm que fazer aquilo que vocês acham que devem fazer – mas façam bem feito! Qualquer coisa que vocês fizerem bem feito, vale, senão, não façam".*

Até porque vida de artista é boa até certo ponto. Tem épocas que ela não é boa, em que os papéis são poucos. Noutras, a coisa piora se você não tem trabalho fixo.

*Com os filhos, nos anos 60*

E se você só fizer um gênero, por exemplo, aí você fica sem trabalho, e é um horror. Um horror!

Eu gosto da minha profissão, só que ela é muito complicada. Às vezes você trabalha e faz coisas que gosta; noutras é obrigado a fazer coisas que você não gosta. Ou então, quando não tem trabalho, fica dizendo: *"Ai meu Deus, o que eu vou fazer da minha vida, como é que eu faço?"*. E depois de uma certa idade você não tem mais nada mesmo.



Hoje em dia o que funciona é a televisão. E, na televisão, se você tem mais de 18 anos já é considerado velho. E depois de três anos no ar as pessoas se cansam da tua imagem. Isso não se explica em função do público, em função dos diretores, dos criadores, nada disso, mas simplesmente porque faz parte do ciclo da vida.

Você vai ao cinema? Vê mulheres e homens lindos hoje? Mas isso passa. Eu adorava ir ao cinema. Sempre quando tinha folga do teatro, umas das melhores diversões era ver os filmes, principalmente os musicais. Então, naquela época, década de 1940, 50, você via filmes de Fred Astaire e Ginger Rogers e pensava: *Que maravilha, que coisa linda*. Eles pareciam eternos, intocáveis em suas perfeitas apresentações. Mas o tempo vai passando, passando, e um dia você olha e o Fred Astaire ficou velho, Ginger Rogers já não dança mais... E aparecem outros. Podem ter menos talento, mas isso é problema para aquela geração. Esse é o ritmo natural da vida, os jovens substituem os mais velhos, que vão sendo jogados pra trás, acontece com todo mundo.



Hoje eu vivo de aposentadoria do INSS. É uma droga, a gente se aperta daqui, dali e vai levando. Mas encaro com muito orgulho, com muita dignidade, toda a minha história. Tem que ser assim, senão não teria valido a pena. É duro. Mas é assim. Em qualquer profissão. Daqui a alguns anos você vai ver. A não ser que você seja um grande profissional da sua área, tudo bem. Mas, se você não for, você vai ter que dar lugar aos mais novos. E mesmo que você seja muito bom, o tempo sempre passa. O negócio é você não ficar: *"Ai meu Deus do céu, se os mais jovens tomarem o meu lugar, o que eu vou fazer da minha vida?".* E a resposta é: não faz nada. Apenas faça o melhor quando for a sua vez. Porque tudo passa na vida. E o que fica são as suas atitudes, o teu trabalho honesto. Se você tem um gato - o gato Capeta, que faleceu semanas depois - tem sete netas, um casal de bisnetos, um grupo de amigas animadas, pronto, está aí o motivo de sua felicidade. Me sinto feliz e útil em ajudar e participar.



Por isso é que não gosto de falar do passado. O passado morreu. Não traz mais nada. Eu quero saber é do futuro. O que tem para fazer? O que vou fazer? Não posso produzir e montar um musical. Mas, quem sabe? Um bom papel num filme, uma comédia, um bom papel num musical, embora eu não possa dançar, porque não tenho fôlego para isso, mas participar ao menos eu posso.

Minha mais recente participação na TV foi em *Malhação,* e no cinema foi no filme da Carla

Camurati, o *Copacabana*. Mas eu não procuro lembrar deles. Acabou, faz parte do passado. Penso no que vem por aí. Não sou melancólica, não fico remoendo o que aconteceu. Eu gosto da minha vida como ela é, do jeito que eu faço, das minhas netas, dos meus bisnetos, com todo o meu pessoal, isso eu gosto.

Minhas netas são a Bianca, Bettina, Carolina, Anna, Fernanda, Giovanna, Luisa. A Bianca está formada em jornalismo e trabalha na área; Carolina é formada em comunicação e trabalha com eventos - mora em São Paulo com meu filho Cesar. A Anninha é psicóloga formada neste ano. A Fernandinha é a única que tem algum pé no teatro, faz escola de teatro para cenografia. Bettina trabalha numa produtora de cinema. As mais novas são a Giovanna e Luisa, que têm 10 e 5 anos respectivamente. A Luisa assistiu aos ensaios de uma peça que o meu filho Cesar dirigiu. Quando o público batia palmas, ela subia ao palco para agradecer com os atores também. Mas até agora, nenhum ator, nenhuma atriz, graças a Deus. Mesmo.

*Novamente com os filhos, Cesar e Renato*

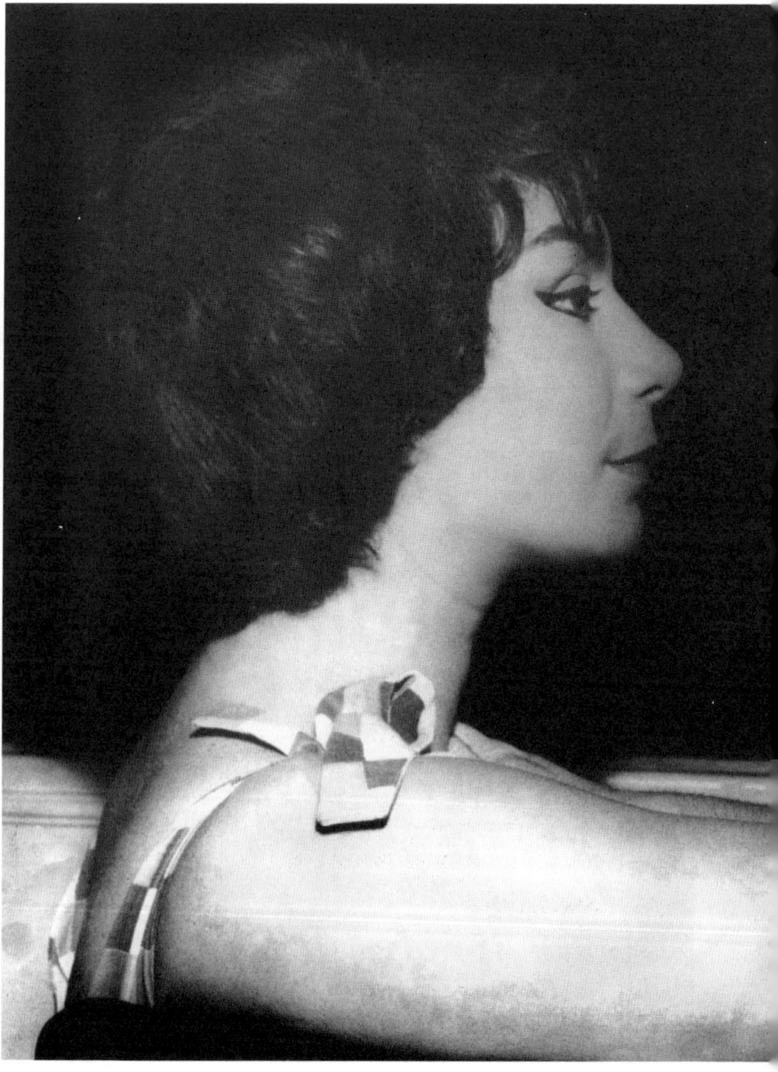

## Segundo Ato

### Não se Corta o Macarrão

Vim de uma família italiana, de uma tradição de falar, juntar todo mundo, rir, cantar e comer bem, claro. Ironicamente, eu não sou de comer muita pasta não. Até como meu macarrão uma vez por semana. Eu mesma faço. Na verdade, tenho várias receitas. E quase todas elas eu aprendi com meu pai, que cozinhava que era uma maravilha. Nós ficávamos em volta dele na cozinha – conversando, tomando chá, enquanto ele cozinhava. Vendo aquilo, aprendi. Quando comecei a cozinhar realmente, eu estava me lembrando das receitas que via o meu pai preparar. Na família, os homens gostam de cozinhar. Meu filho Cesar gosta, mas ultimamente ele tem feito um macarrão al dente que está mais para à dentadura.



Todo sábado eu faço um macarrão, um risoto, enfim, para minhas amigas que almoçam aqui:

a Anilza Leoni, Íris Bruzzi, Carla Nell, Sandra Sodré, Maria Helena Dias, com quem fiz comédia. O pessoal já sabe que a hora do almoço de sábado é aqui. Depois de comer, tiramos a mesa e vamos jogar buraco. São amizades que existem até hoje. Fora as que eu ainda falo pelo telefone, vejo eventualmente. O Golias, por exemplo, sempre é uma alegria reencontrar. O Jô Soares não... Faz tempo que não falo.

Tenho saudades de grandes amigos que já se foram também, claro. Mostrando uma das poucas fotos sobre a cômoda, lembra: Esse é meu grande amigo, Moacyr Deriquem, uma pessoa encantadora, maravilhosa. Ele me ajudava muito. Recebia convites e me levava nas estréias, nas festas e tudo. Quer dizer, quando eu fiquei viúva eu não saí mais de casa porque eu não sabia sair sozinha. Como até hoje não sei. Nunca saí sozinha.



Ele morreu de repente. Fiquei muito chocada com a morte. Ele telefonou para mim e disse: *"Fronzi, eu passei mal essa noite. O que hou-*

*ve?"*, perguntei. *"Eu tive isso assim, assim, e fui para o hospital"*, que era pertinho da casa dele. *"E por que você não me telefonou? Eu pegava o meu carro e te levava"*. Eu reclamei. *"Não precisa, é perto"*.

Ele tinha já comprado passagem para fazer uma viagem que todo ano ele fazia. Ele ia para a Suécia ou Suíça, sei lá. No dia seguinte, eu abro o jornal e vejo: Moacyr morreu ontem. Tive um choque. Mas a vida é assim mesmo... Por isso aproveito minhas amigas, sempre recebo aqui em casa. E gosto de fazer um bom prato pra todo mundo comer feliz.



A receita que recomendo, entre tantas, é assim: primeiro faço o molho, feito numa panela, onde você bota um pouco de azeite bom, cebola e alho bem picadinhos. Lava cerca de um quilo de tomate, corta em quatro, joga ali dentro. Depois, bota uma berinjela também e deixa cozinhar. Quando tiver cozido, bate tudo no liquidificador e passa na peneira para tirar a pele e o caroço do tomate.

Eu compro massa italiana. Esse molho vai para uma panela onde eu ponho um pedaço de manteiga, pimenta do reino (só um pouquinho) e uns dois quadradinhos daqueles de bacon. Depois, coloco uma colherinha de açúcar para tirar a acidez do tomate. Ainda vale ver se o sal está bom ou acrescentar um pouco.

Feito o molho, eu cozinho a massa italiana numa panela, fervendo. Deixo sempre uns seis minutos e meio... Ou seja, sempre um pouco mais do que diz no envelope porque essa massa feita para o Brasil é muito dura. Eles indicam cinco minutos, mas é sempre bom deixar um pouco mais. Depois que você cozinha, tira a água e joga o macarrão no molho. Não lava, isso é um sacrilégio! Assim como não se corta o macarrão, mas sim enrola-se no garfo! Às vezes, antes de colocar o macarrão no molho, eu ainda jogo um quadradinho de creme de leite nele. E o macarrão vem para a mesa na panela mesmo. Para não esfriar. Para quem gosta, um bom vinho tinto acompanha. Mas todas as "minhas" mulheres não bebem. A gente faz suco. Ou bebe guaraná.

*Com os amigos Moacyr Deriquem e Nora Ney*

*Com o pai em visita ao Vaticano*

## Terceiro Ato

## Mulher Solteira é um Abacaxi

Meu marido foi o maior locutor de rádio deste país, se duvidar, do mundo. Ele ficou conhecido como locutor, mas era um homem de comunicação, com inúmeros talentos. Desde jovem mostrou que sabia das coisas. Aos 21 anos, ele narrou a revolução de 1932 pelo rádio para o Rio de Janeiro. Ele trabalhava na Rádio Record, pegava o técnico, se trancava com ele na estação e colocava a rádio no ar sozinho, de madrugada. E transmitia notícias, para o Rio de Janeiro, do que estava acontecendo com a revolução getulista. A rádio só tinha 1 kwa e só podia ser ativada naquela hora, por volta da meia-noite. O Rio de Janeiro inteiro parava para ouvir o Cesar fazer a revolução pelo rádio. Ele tinha prêmios do mundo inteiro por ter narrado a revolução assim. Na época, o Getulio já estava no Rio de Janeiro, e o Cesar metia o pau nele. O Dr. Paulo Machado de Carvalho, o dono da rádio, soube por amigos o que o Cesar estava fazendo. E foi na rádio dar uma incerta. O Cesar ficou assustado. Mas o Dr. Paulo deixou ele terminar o programa. No final, o Dr. Paulo disse: *"Que maravilha você fez"*, pela ousadia do Cesar. Se não me engano, minha neta disse que tem um desses discursos dele na Internet.

Depois, o Cesar virou celebridade do rádio. Lançou inúmeros cantores. Falava para todo o país. Mais tarde, sua voz era tão linda que ele gravava as chamadas dos filmes de Hollywood que vinham para cá.



Quando eu o conheci, eu já estava aqui no Rio. Se meu pai estivesse vivo ele não chegava nem perto. Mas, enquanto eu fazia as apresentações no Teatro Jardel, eu fui convidada para apresentar um show sozinha na boate Casablanca. O Cesar foi junto com o diretor da Boate me buscar para apresentar o show. Eles me levavam de carro até a Praia Vermelha, onde ficava a boate. Assim que eu o conheci.

Ele ia me buscar, mas minha mãe estava lá, sem dar uma folga. A gente ia jantar depois do espetáculo, geralmente. Foi aí que nós começamos um namorico. Minha mãe dizia que filha mulher solteira é um abacaxi, porque dá muito trabalho para tomar conta.

Um dia, ele virou assim para a minha mãe e disse assim: *"Olha, eu vou tirar esse abacaxi da sua mão"*. Ela olhou para ele assustada e perguntou: *"O que você quer dizer com isso?"*. Ele não titubeou e disse no ato: *"Eu vou casar com a sua filha"*. Aí minha mãe relaxou e exclamou, entre risos: *"Ah, graças a Deus!"*.



Conclusão, nós nos conhecemos, namoramos, noivamos e casamos em seis meses. Depois, começamos a bolar esse showzinho da boate juntos. Eu escrevia junto com ele essas "revistinhas". E depois convidávamos os amigos, tivemos a participação do Procópio Ferreira, tudo sempre com uma historinha simples. Nesse tempo, todo mundo trabalhava com todo mundo.

*No dia do casamento, com Cesar Fronzi*

Logo em seguida eu fiquei grávida do meu primeiro filho, o Cesar, e parei de atuar, passei somente a dirigir. Mas também ajudava nos ensaios, fazia os figurinos, eu cuidava do espetáculo em geral junto com ele.

Depois o Cesar começou a escrever com o Haroldo Barbosa, escrevia para o Chico Anysio, que fazia o show dele e depois foi fazer um programa de televisão na TV Rio. Foi a partir dessa época que o Chico inventou aqueles tipos todos dele.



Eu trabalhei com o Chico também. Antes, também estive na TV Tupi e na TV Rio. Aqueles programas que todo mundo do teatro fazia, porque era onde estavam os atores. A televisão usava todo mundo do teatro.

Eu sei que era chamada de vedete. Falavam muito das minhas pernas. Claro que eu gostava, mas nunca fiz disso motivo para conseguir algum trabalho. O Cesar não tinha nem ciúmes porque ele sabia a mulher que tinha.

Era bom ser admirada pela nossa beleza, mas nós nunca chegávamos ao ponto em que as meninas chegam hoje, explorando a beleza física do corpo, colocando a bunda de fora. Eu recebia um monte de cartas de fã, todas bem escritas, falando do meu trabalho. Respondia algumas sim, mas não tinha tempo de responder todas.

O fato é que colocar a perna de fora numa peça de revista, ou num filme, era uma coisa de momento, fazia parte da história mesmo. E não tinha nada demais. Até nos números musicais. Hoje todo mundo diz que ficar nua faz parte da história, virou clichê e desculpa para mostrar o corpo.



Antigamente as pessoas queriam saber apenas os principais fatos da vida da gente, como é que a gente era, como é que a gente não era, como era a família da gente. Hoje em dia a coisa é diferente. Tem uma invasão de privacidade horrorosa. O público em geral não quer saber do passado, de bons exemplos. Só quer saber quem comeu quem, quem separou de quem, quem juntou com quem. Então, às vezes eu fico com uma sensação muito pobre em relação aos dias de hoje.

Por exemplo, essas coisas estavam tão vivas que lembro de uma música que a Beth Carvalho cantou, que falava das vedetes... Chamava *Cinelândia*, de autoria de Cláudio Cartier e Paulo Feital, e dizia: *"Tantas vedetes sensacionais na galeria dos imortais, Carmem Miranda dos carnavais, Bando da Lua não volta mais. E como batia forte o coração, quando Cyll Farney com sofreguidão, beijava os lábios da Eliana, por fim, a juventude toda entrava em pane com as pernas da Virginia Lane e Renata Fronzi, que paixão"*. Eu tinha até uma gravação mas não sei onde está.



Hoje em dia ninguém fala mais da bunda da menina da televisão porque tem tanta bunda que ficou sem graça. Naquela época, nós éramos mais ingênuas, o trabalho era mais simples, não tinha segundas intenções.

Minha vida girava em torno do teatro, de atuar. Nunca me envolvi em política, tenho horror, odeio política. Me mantinha à margem mesmo, sem querer saber, exceto pelas notícias principais. A única vez que fui a Brasília foi para conhecer a capital recém-inaugurada. E só.

Na época da ditadura nós convivíamos com a censura. Nós mandávamos os scripts para a censura e eles mandavam de volta com os cortes que achavam que tinham que ser feitos. Às vezes, nós inseríamos uma cena nova e tínhamos que mostrar para a censura que cortava uma palavra, cortava uma rubrica, ou seja, só besteira. Eu não tinha nada a ver com isso e, para mim, eu interpretava o que fosse necessário. Durante o ensaio geral da revista, os censores vinham para o teatro para assistir. Aí era brabo porque eles eram representados por umas velhinhas horrorosas, carolas, que ficavam reparando nosso figurino, se a saia era muito curta. Eram umas velhotas muito horrorosas. E elas ficavam seguindo o texto para ver se dizíamos alguma palavra fora do que estava escrito.

Agora, como é que a gente ia ajustar as piadas se não podia mudar o texto? Às vezes o que está escrito não sai tão bom, e o diretor ajusta um detalhe aqui, outro ali, e com aquelas velhas lá não poderíamos mudar nada.

Só depois daquele ensaio geral é que nós fazíamos as últimas alterações, e apresentávamos tudo do nosso jeito, claro. Acho política uma coisa tão desagradável. Minha vida é a arte, o resto passa.

## Quarto Ato

## Um Gênero Maravilhoso

Eu estreei no teatro com meu pai e minha mãe. A companhia do meu pai chamava-se Companhia Brasileira de Operetas e apresentava, obviamente, operetas viajando pelo País, principalmente pelo Sul. Não dava muito dinheiro. Mas dava muito trabalho. Ela tinha uma estrutura como se fosse companhia de ópera hoje em dia. A única diferença é que a ópera é só cantada e a opereta é cantada e falada.



Como quase todas as operetas que nós fazíamos são da Itália, Áustria, França, meu pai pegava o texto pronto e adaptava para o português. Até hoje há companhias de operetas na Europa. E desde aquela época vieram muitas companhias para o Brasil, passando inclusive pelo Teatro Municipal. Apresentávamos *A Viúva Alegre, Uma Noite em Veneza, Rosemarie* e *Bela Helena*, entre outras.

Tinha cantores de ópera que gostavam de cantar somente em operetas. Mas havia também o corpo de baile das bailarinas, o coral, a orquestra. Empregava-se de 50 a cem pessoas. Viajávamos de ônibus, trem, qualquer coisa. Era uma vida de aventura.

Quando eu estreei com o meu pai, nós viajamos de São Paulo até Santana do Livramento, no Sul. Fazia uma temporada numa cidade, depois noutra, e daí por diante. Apresentava todo o repertório, enfim, tinha um monte de operetas. Claro que eu não ganhava salário, estava tudo em família.



As operetas são um gênero maravilhoso. Quando comecei, eu acompanhava todo o processo, desde a leitura do texto, os ensaios, até o desenvolvimento das apresentações. Ainda atuava como atriz, cantora e bailarina. E seguia tudo que meu pai falava. Meu pai era maravilhoso, um diretor de teatro extraordinário. Ele tinha qualidades que hoje em dia não se tem. Ensaiava junto e estava sempre por dentro de tudo. Conhecia todos os detalhes.

Era um grande realizador porque idealizava antes e trabalhava para colocar em prática. Hoje em dia não há mais esse grande realizador no teatro. Embora as peças já estivessem prontas, tínhamos que adaptar, ensaiar, estrear e manter o mesmo nível todos os dias.

No Sul do país, por exemplo, a opereta tinha públicos cativos, principalmente os imigrantes alemães e italianos. Como eles todos eram recém-chegados da Europa, já conheciam as operetas de lá. E, embora nós as apresentássemos em português, eles queriam ver de qualquer maneira porque era uma forma de lembrar da terra deles.



A gente chegava na cidade e já estava anunciado que iríamos apresentar *A Viúva Alegre*, por exemplo. Os ingressos já estavam todos comprados e eles enchiam o teatro. Nós fazíamos a *Viúva*, a história toda, a opereta como ela era, com a música, o texto, tudo direitinho. E o público conhecia a história de trás para adiante.

Uma vez fomos de São Paulo direto para o Sul, acho que era Blumenau, porque era uma cidade que tinha muito alemão, então era muito engraçado: no dia da estréia, tudo pronto para começar, meu pai olhava pelo buraco da cortina para ver o público e dizia: *"Acho melhor a gente ir embora e não estrear porque não se ouve um pio"*.

Ficamos preocupados com a frieza do público. Mas era a época da guerra. E havia polícia do exército procurando por alemães, italianos e japoneses em toda parte. Então, falou alemão, podia ser preso! A mesma coisa com italiano e japonês. O que a platéia fazia: ia para o teatro, mas não abria a boca. Batia palma, ria, mas não faziam nada que denunciasse suas origens. Se abrisse a boca, corria o risco de ir todo mundo em cana. Enquanto isso, eles se emocionavam com as histórias que remetiam às suas pátrias. Era um momento muito interessante, o poder da arte levando algum consolo para os fugitivos da guerra. Muitos tinham vergonha das atitudes de seus países, mas amavam as operetas.

Nós fomos para ficar uma semana, fizemos tanto sucesso que ficamos uns três meses, eles não queriam deixar a gente ir embora. Pediam para a gente refazer outras peças – era muita saudade da terra. Foi uma temporada muito gostosa, muito linda. Só não fizemos peças japonesas, relembra rindo.

Às vezes, nós nos apresentávamos de segunda a sexta, dependendo do dia de folga dessas colônias. O espetáculo demorava duas horas e meia. Eram três atos. Eu entrava para fazer o meu papel e depois ia para os bastidores. Não ficava recebendo público nos camarins depois. Era atuar, estudar, ensaiar e viajar. Minha vida particular era em função do teatro. Eu tinha 15 anos, estava sempre com meu pai e minha mãe. Não dava pra conhecer outras pessoas. Além disso, meu pai não deixava eu olhar para o lado. Tomava conta mesmo. Nas cidades por onde passávamos mal dava para visitar. Por vezes, dava pra olhar uma praça, mas não tinha nem tempo. Era uma disciplina muito rígida.

Se você agradasse muito, tinha que montar outras peças, então não tinha tempo livre a não ser ficar ensaiando, decorando texto. Essa vida de companhia era uma vida de disciplina muito rígida, como se fosse uma vida de atleta. A gente fazia ginástica, fazia aula de dança e tudo para poder manter o físico em cima. E isso tudo como amadora, claro, porque era minha família.

A minha estréia profissional realmente foi aos 15 anos de idade. Eu estava em São Paulo e a Eva Todor, que tinha uma companhia de teatro, estava precisando de uma moça que regulasse mais ou menos com ela para fazer uma amiga de seu personagem numa peça do Luis Iglesias, que chamava *Sol de Primavera*. Ela encontrou meu pai e perguntou: *"Tua filha não faz?"*, ele respondeu de pronto: *"Claro que faz. Então eu vou dar o texto para ela"*, decidiu Eva.



Eu ensaiei e fiz uma temporada com a Eva. Foi a primeira peça que eu fiz como profissional. Foi o primeiro ordenado que recebi. Depois, ela viajou com a Companhia, mas eu não viajei.

O secretário da Companhia do meu pai era amigo do Walter Pinto, que era dono de uma companhia que tinha no Teatro Recreio, no Rio de Janeiro. Entre uma viagem e outra, nesses momentos de descanso e projetos, ele acabou nos convidando para vir atuar na Companhia do Walter, com quem fizemos duas peças. Mas meu pai não gostava nada de ver a filha dele de perna de fora, ele não gostava mesmo. Como bom italiano, ele era ciumento.

O Teatro Recreio era uma grande escola porque nós vivíamos no palco, fosse ensaiando ou atuando. Hoje em dia não tem mais companhias de teatro assim. A companhia começou com o irmão do Walter Pinto, que morreu num acidente. O Walter era mais novo e assumiu o negócio. Ele tinha um grupo de pessoas que tomavam conta com ele, mas era o chefe quem comandava.



A companhia tinha uma estrutura pronta. Tinha um autor que escrevia as histórias, os esquetes, os musicais e entregava tudo para o Walter, que via o que estava de acordo com os estilos de cada ator e distribuía os textos – sendo que a maioria com músicas para dançar e cantar. Mas o Walter é que fazia a arrumação da companhia para estrear o espetáculo. Tinha vezes também que o Walter encomendava peças para os autores que ele conhecia e que ele gostava.

Esse gênero Teatro de Revista nasceu em função da atualidade dos temas que estavam em moda na época. Não se montava clássicos, nem operetas. Mas sim histórias ou fatos baseados na realidade, num passado próximo. Dessa forma, a história revisitava o tema, ou seja, era um teatro de revista por conta disso.



Na minha época com o Walter, tinha o quadro político com um ator que se vestia de Getúlio Vargas e fazia esquetes muito engraçados, o público morria de rir, adorava rir dos poderosos. O Getúlio, aliás, era um dos mais parodiados. Porque além dos temas atuais, as histórias eram sempre de humor, sempre satíricas. Hoje em dia o que se assemelha, de longe, é o que esses rapazes fazem... os meninos do *Casseta & Planeta*, que gozam as novelas, gozam os temas políticos. Nós fazíamos assim também, mas tinha mais elaboração porque tinha números musicais, orquestra, iluminação, enfim, tinha toda a base do teatro. E era um trabalho que exigia muita disciplina e muita vontade. Só fazia quem amava. Nós nos apresentávamos de terça a domingo. Tínhamos apenas uma folga por semana, que era a segunda-feira. E na quinta, sábado e domingo tinham duas sessões.



Fazíamos sempre a mesma peça, claro, sempre com ajustes eventuais, dependendo dos acontecimentos do país. Depois que engrenava, ficava sempre muito divertido. Às vezes acontecia alguma coisa especial na política, os atores cômicos se reuniam com o Walter e com os autores, para criarem uma coisa mais em cima da hora.

Numa peça o cenário era um bonde, na época tinha bonde na rua, então o Getúlio Vargas, sempre ele, fazia o motorneiro; um outro político fazia o cobrador, cada ator fazia um personagem que representava uma figura da cena política, e o bonde ia andando... os seguranças entravam, dançavam junto, era uma delícia. Eu quase sempre entrava nos momentos dos musicais. Cantava, dançava e atuava nos esquetes cômicos. Na verdade, eu fazia qualquer coisa, não tinha a menor crítica, era muito disciplinada e sempre buscava a perfeição dos movimentos.

Geralmente, uma peça de teatro de revista ficava um ano inteiro. E, enquanto a gente apresentava uma, outra já estava sendo preparada. Assim, mais pro fim do ano, a gente tinha que começar a ensaiar outra história. Então, era ensaiar de dia e atuar na outra de noite. Nunca parei de trabalhar. Foram incontáveis apresentações, claro. Eu fiz duas revistas no Walter. Sei que parece muito, percebendo que isso significa dois anos em cima do palco diariamente. Mas estávamos acostumados a trabalhar de terça a domingo. Ruim era quando não tinha...

Nessa época, eu e minha família vivíamos conforme as possibilidades, seguindo as propostas que apareciam; não podíamos nunca era deixar de trabalhar. Um dia, uma companhia italiana passou pelo Rio e nos convidou para excursionar até a Argentina. E lá fomos nós para Buenos Aires, com a companhia italiana.

Meu pai trabalhava como assistente do diretor italiano e também como ator, assim como a minha mãe. Eu entrava de vez em quando, dizia duas palavras e pronto. Nós moramos na Argentina até que meu pai faleceu repentinamente – teve um problema no fígado, passou mal, foi para o hospital e morreu.



Foi um baque. Eu e mamãe voltamos para o Brasil, para a casa da família em São Paulo. Mas logo quando cheguei, liguei para a atriz Mara Rubia, que era a minha colega desde os tempos da Cia. do Walter Pinto, e disse: *"Mara, eu preciso trabalhar, o que eu faço?! Eu não quero ficar em São Paulo. Não conheço ninguém mais aqui. Vou fazer o quê?"* Então ela me disse: *"Pega um avião amanhã e vem para o Rio, vai morar comigo na minha casa!"*.

Acho que naquele dia mesmo a Mara falou com o Geisa Bôscoli – e quando eu cheguei já vim para estrelar sua peça no Teatro Jardel – que eu não conhecia, era um teatrinho pequenininho assim, tinha uns 200 lugares só, eu estava acostumada a trabalhar em teatro grande. O Teatro Jardel era aqui na Avenida Copacabana, em frente ao Cinema Roxy. Chamava Jardel porque o Geisa Boscoli era irmão do Jardel Jercolis, pai do Jardel Filho – que tinha a Companhia de Revista.



A gente fazia sempre o gênero teatro de revista. Era geralmente uma história, com princípio, meio e fim, sempre abordando com humor e sátira temas da atualidade. Tinha esquetes com músicas também. Num desses, a gente entrava no palco pela platéia, dançando e cantando. Mas o teatro era tão pequeno que não tinha espaço para a gente ficar esperando para entrar, ou seja, não tinha um hall de entrada ou foyer. O acesso à platéia era por meio de uma escada.

Então, pra gente entrar pela platéia era preciso andar por fora do prédio, pela marquise! Nós andávamos por ali, pulávamos para dentro do escritório do Geisa, e ficávamos esperando tocar uma determinada música. Quando começava nossa "deixa", nós entrávamos pelo meio da platéia.

Agora, você imagina passar pela rua e ver numa marquise um monte de bailarinas de saltos altos, com aqueles figurinos de antigamente? Ficava lotado de rapazes do lado de fora do teatro, na rua, esperando a gente passar pela marquise!



Naquele tempo, os teatros não tinham tantos recursos, tanto fôlego para montar peças tão grandes. Então, nós tínhamos muito mais o prazer de realizar, e bem, o que estivesse ao nosso alcance. Sempre fui chamada, convidada para fazer uma peça, para fazer um musical, era o convívio. Não era tudo tão comercial, de certa forma tinha muita ingenuidade. A gente ganhava muito pouco também.

No final das contas, uma companhia empregava muita gente, tinha muito gasto. Eu não ganhava dinheiro. Ganhava um salário por mês. Dependendo do posto que você ocupava na companhia ganhava mais ou ganhava menos.

Além disso, tinha preconceito contra artistas, sempre teve, não era uma época de glamour. No princípio foi terrível. Todo mundo que seguiu essa profissão sofreu problemas diretos. Quando a companhia do meu pai viajou pelo Sul, usava ônibus para ir de uma cidade a outra.

Naquela época, as mulheres "modernas", do Rio e São Paulo, andavam de calça comprida; mas, no interior, não havia esse hábito ainda. Então, nós descíamos do ônibus e a cidade inteira ficava na janela olhando, apontando, cochichando: *"Olha lá as mulhé de calça"*, com aquele sotaque do interior.

Nós passávamos em frente às casas e, quando íamos cumprimentar os moradores, as senhoras, ou mesmo as outras pessoas, davam de cara com a gente e batiam a janela na nossa cara, como forma de exclusão. De certa forma, como já sabíamos disso, era muito engraçado. Mas não deixava de ser um baita preconceito. Artista não era bem visto mesmo... Mas isso foi um tempo, depois passou.

De certa maneira, a televisão é responsável por essa melhora no respeito à profissão de ator, porque tinha mais penetração e trouxe muita diversidade para o público. Claro que foi uma mudança muito gradual, lenta. Acho também que o cinema nacional começou a identificar o Brasil para os brasileiros quando as nossas próprias histórias começaram a passar, ou seja, quando as nossas chanchadas ficaram populares e o público adorava. Só então o preconceito diminuiu.



O Teatro de Comédia era uma forma de trabalho muito parecida com a opereta e a revista – tinha apresentações de terça a domingo, só folgava-se um dia por semana. A diferença é a temática, claro, porque comédia é comédia e pronto. Ou o público ri e se diverte ou não tem comédia. Daí o exercício do humor era também maravilhoso, um aprendizado incrível diariamente. Hoje em dia tem companhia que se apresenta sexta, sábado e domingo, só. É muito pouco. Não dá tempo de o ator se desenvolver em todos os aspectos. Naquela época, nós tínhamos que trabalhar todo dia, e isso significava exercitar todo dia.

A Bibi Ferreira, por exemplo, tinha a sua companhia, que fazia Revista ou Comédia. E ela cantava, dançava, representava, enfim, mostrava diariamente, durante anos, tudo o que sabia fazer.



No Teatro Recreio, além da Mara Rúbia, Oscarito, Walter D'Avila, Grande Otelo, todos passaram por ali. Além disso, também tínhamos músicas do Ary Barroso, do Lamartine Babo, que lançavam suas composições nas revistas.

O Carvalhinho também estreou com a gente, no Recreio. Ele veio para dançar frevo. Tinha um final de um ato que era todo mundo dançando e cantando o frevo e ele vinha na frente, e dançava o frevo.

Por essas razões, principalmente, é que aquela foi uma época que gerou tantos bons atores. Todo mundo vem dessa época. Seja do teatro de revista, de comédia ou do teatro considerado "sério" por causa das histórias. O fato é que o público comparecia e os atores se desenvolviam com muita base. Havia uma cultura de ir ao teatro. E foi assim que apareceram as vedetes.



Para ser uma vedete naquela época tinha que saber cantar, dançar, representar. E tinha que ser bonita, claro, porque senão ficava de fora. Eu não me incomodava de ser considerada vedete, na verdade, era um título que tanto fazia. Não tinha tanto assédio porque eu saía sempre com meu pai e minha mãe e, mais tarde, era muito bem casada. Então, isso só serviu para classificar um tipo de atriz que chamava a atenção pelo talento que mostrava diariamente no palco, e não porque simplesmente tinha bunda grande, como hoje.

*Posando de Vedete, numa Revista*

*Renata ao centro, no Teatro Jardel com, entre outros, Bibi Ferreira, Eva Todor, Virgínia Lane e Mara Rúbia*

Outro que conviveu conosco foi o Antonio Maria, o jornalista, radialista e compositor maravilhoso. Ele escreveu música para mim. E numa das revistas que fiz no teatrinho Jardel eu cantei a tão famosa *Ninguém me Ama, Ninguém me Quer, Ninguém me chama de Baudelaire*, que ficou imortal.

Hoje em dia não se faz mais revista. O gênero não acabou porque é só querer fazer. Mas é um gênero muito caro. Você tem que ter orquestra, corpo de baile, coral e elenco. Só o guarda-roupa custa uma fortuna. Eu mandava fazer as minhas roupas. Conhecia várias costureiras e sempre buscava o modelo melhor para estrear.



Enquanto eu ainda estava no teatrinho Jardel, comecei a fazer apresentações pequenas em boates, uma espécie de pocket shows. A primeira que fiz foi na Boate Casablanca, na Urca, quando eu conheci o Cesar, meu marido. Nesse show, eu cantava, contava histórias, dançava, isso tudo depois do show da revista no Teatrinho Jardel, em Copacabana.

Preparava com o pianista alguns números, montava uns esquetes sozinha e pronto, mandava ver. A boate ficava lotada. O Cesar começou a montar umas historinhas na boate. Aí vinha Ankito, Oscarito, toda essa turma. Era uma vida muito intensa, uma noite de trabalho árduo. Se eu fosse dormir tarde, esticava até mais tarde na cama. Senão, acordava cedo para fazer aulas e ensaiar. Eu durmo muito pouco. Seis horas já me ajudam, força do hábito. Pego no sono profundo e raramente lembro do que sonhei.



Mesmo com um dia-a-dia tão intenso, a gente não tinha essa preocupação toda que tem hoje. A vida era mais tranqüila. Agora, todo mundo vai ao psiquiatra, vai não sei aonde, no meu tempo não tinha nada disso. Era no melhor do *vai na valsa*, como se dizia.

Era outro país. Isso é uma coisa importante também, o Brasil da década de 1940, da década de 50, era um país completamente diferente do que a gente pensa agora. Completamente diferente.

Cada um tinha a sua profissão, o seu canto, a sua vida, a gente cuidava de si e pronto, boa noite. Aproveitava-se o dia de folga indo ao cinema de tarde, ou fazer compras, sempre tinha alguma coisa para fazer.

Ainda fiz shows na boate Acapulco. Só assim dava pra juntar algum dinheiro. Mas tudo mesmo porque eu amo o palco e faria tudo o que me pedissem. Teve uma vez que fui chamada por uma companhia portuguesa para uma temporada em Portugal. Fomos de navio e durante a viagem fizemos apresentações a bordo, com festa na passagem da Linha do Equador, por exemplo. Ficamos uns oito meses por lá. O nome da revista era *Abril em Portugal*.



Teve uma vez que estávamos no aeroporto de Lisboa e o ex-presidente Juscelino Kubitschek estava chegando com a sua comitiva. Eu comecei a gritar: *"Juscelino, Juscelino!"*. O Salazar, presidente de Portugal, estava ao lado e ficou com uma cara braba. Depois nós resolvemos ir à embaixada brasileira para dar um oi para ele.

*Renata ao centro, na revista Abril em Portugal*

*Com o presidente Juscelino Kubitschek, em Portugal*

Nossa intenção era dar um alô, mais nada. Mas não conseguimos falar porque tinha tanta gente por lá que desistimos. Quando íamos embora, veio um assistente dele e disse: *"Dona Renata, seu Cesar, o presidente Juscelino está chamando vocês"*. A portuguesada que estava esperando para ser recebida ficou pau da vida.

Nós criamos uma boa relação de amizade. Tempos depois, nos morávamos na Sá Ferreira e o JK tinha um escritório na mesma rua, só que na esquina com Avenida Copacabana, no posto 6. Ele já tinha deixado o cargo de presidente.

De vez em quando, o Juscelino ligava pro Cesar e o chamava para almoçar. Eles ficavam até as quatro horas da tarde conversando.

Quando nós ainda estávamos com a temporada em Portugal, aproveitamos uma folga e fomos para Paris, de trem, para visitar um casal de amigos do Cesar e gastar um pouco de dinheiro. Adorei Paris, ainda mais com a chance de comprar algumas lembranças. Não é nem para comprar roupa, porque uma peça lá é o preço de um apartamento aqui.



Dei uma sorte danada porque a mulher desse amigo do Cesar trabalhava com moda. E nós chegamos na época dos desfiles de alta-costura. Que coisa linda! Vi tudo quanto foi desfile, da Channel, daquele estilista cujo perfume é uma das coisas que eu mais gosto chamado *Ma Griffe*, o Carven.

Eu adorava olhar as roupas. Adoro figurinos. Sempre prestei o maior cuidado na elaboração das minhas peças de apresentação.

Nós usávamos muito cetim, bordados feitos em lamitas – que é uma fazenda grossa, tipo sarja, que dava um estilo muito bonito. Tinha sempre umas bichas talentosas para fazer nossas roupas...

Lembro que o teatro Carlos Machado era dos poucos que mandavam fazer os figurinos das peças trazendo tecidos diretamente de Paris. Era a própria mulher dele que coordenava a confecção. Ficava uma coisa linda.

Até hoje, sempre que posso, quando o dinheiro dá, eu vou a Nova York para ver as peças da Broadway e admiro, logo de início, os figurinos. Mas claro que olho as coreografias, a iluminação, enfim, tudo. Eu freqüentava a Broadway à medida que dava. Primeiro eu ia com o meu marido, depois eu passei a ir com meus filhos. A gente passava duas semanas por lá. Comprava ingresso aqui, e chegava lá para uma maratona de peças. A gente via uma por dia.

Se eu pudesse, continuava a vida inteira subindo no palco diariamente. Mesmo que desse branco e eu não falasse nada... Porque muitas vezes já deu branco. E a forma de sair desse momento de esquecimento é sempre engraçada. Teve uma vez que me deu branco em *Sábado, Domingo e Segunda*, uma comédia que começa no sábado com a mulher tendo que preparar o macarrão do almoço do domingo – e quando ela serve, o marido fica enciumado com a presença do vizinho e acontece uma briga e vira a maior confusão.



Eu fazia a irmã do marido. O elenco era Guilherme Karan, novinho, meu filho, Ary Fontoura, Iara Amaral, então eu tinha uma cena que eu tinha que contar uma história na mesa. Eu comecei a contar a história e veio o branco na mente... Aí pensei... *E agora, o que vou falar?* Olhei bem... Não lembrei de jeito nenhum: *"Acho que eu não vou contar nada para vocês não"*, falei pro público e pronto, todo mundo riu.

Porque está certo que a gente tem o hábito de pular coisas, todo mundo faz isso uma vez ou outra. E é muito engraçado porque a peça, depois de um tempo, fica tão máquina na tua cabeça que não tem problema. O cara fala, fala, fala ali e você vai em cima e fala na sua deixa e tudo bem. Mas, às vezes, a coisa trava e não sai de jeito nenhum.

Teve uma vez que eu tinha uma cena nessa peça com o Paulo Gracindo. Ele sentava aqui e eu sentava aqui, em frente a ele. Então, eu tinha uma folha na mesa com o texto do Paulo. Claro que ele não ia enxergar, né? Ele começava a falar e fazia assim, murmurando, e eu sabia que ele tinha esquecido a fala.



Eu falava baixinho, bem pra baixo, porque tinha horas que você podia falar que não ia lá embaixo no público. De repente ele pegava alguma palavra e pronto, relembrava e dizia o texto dele. Então, eu ia acompanhando o Paulo, quando ele começava a murmurar... Eu pensava: *Eita ferro, esqueceu... Como é que vou assoprar pra ele?* E sempre dava um jeito de pegar o texto de novo. Às vezes eu perguntava algo do texto dele, enfim, era uma delícia porque a gente sempre saía desse tipo de situação de uma forma diferente. Acontece isso. Acontece muito. É a vida.

*Em Portugal*

## Quinto Ato

## A Tela Tem Uma Outra Magia

Houve uma época, em 1957, em que cheguei a fazer quatro filmes por ano. Não me lembro bem quais, mas fiz uma porção. Era um atrás do outro. Por exemplo, nos estúdios do Herbert Richerts, eu tinha contrato de três anos e então eles me chamavam e eu tinha que fazer. E pronto.



Os tipos eram os mais diferentes possíveis - mocinha ou bandida, mulher fatal ou ingênua. Eu fazia tudo o que me dessem para fazer. Claro que sempre explorava a dança e tinha sempre um numerito para eu fazer. Mas fazia parte do filme. A chanchada era a comédia pela comédia. Uma forma fantástica de identificação com o público. Um sucesso maravilhoso. Hoje falam de sucesso do cinema nacional, mas deviam lembrar que naquela época o cinema do Brasil era totalmente querido pelo público.

Confesso que a vontade de fazer cinema só apareceu depois do sucesso do teatro, conforme vieram as propostas. Minha vida foi sempre assim, as coisas foram acontecendo, apareciam na hora que tinham que vir. Eu adorava ir ao cinema desde garota. Era sempre um programa em família, ir ao cinema ver filmes. Com pai italiano, sendo filha única, mulher, você acha que ele fazia o quê? Ficava de olho. Quando nós entrávamos na sala do cinema, eu sentava entre minha mãe e papai. Ele não deixava nem eu sentar do lado de uma pessoa que eu não conhecia.



Eu não me importava, claro, porque estava mesmo é com os olhos grudados na tela. Principalmente se fosse musical. E nós vivíamos a época áurea deles. Cada novo filme trazia um monte de coisas novas e lindas. As roupas, as cenografias e, principalmente, os artistas, com tantos homens e mulheres maravilhosos – que mulheres lindíssimas! Era uma época de grandes astros, de Clark Gable, Fred Astaire, Ginger Rogers, Judy Garland.

Algumas pessoas da crítica falavam mal da qualidade das histórias das chanchadas porque eles comparavam com os filmes americanos. Mas elas eram sucesso absoluto porque eram historinhas simples, baseadas em coisas brasileiras. O Brasil era um país de analfabetos, principalmente no interior; então mostrava-se filme americano com letreiro e o público não sabia ler.

A nossa comediazinha chegou mostrando atores falando em português, com histórias cheias de referências à vida brasileira, e a principal delas era o Carnaval, que existe em todo o país. O público entendia, cantava junto e adorava. Esse é um dos motivos pelos quais a chanchada fez tanto sucesso. De certa maneira, buscava um pouco da identidade do brasileiro que se via na tela. O cinema usava os atores cômicos do teatro e criava tipos específicos na tela.



Um exemplo é Oscarito e Grande Otelo, com quem trabalhei, e que realmente fizeram uma grande dupla. Outro fator também do sucesso das chanchadas é que as pessoas tinham carência de arte. As companhias de teatro não viajavam para tantas cidades brasileiras. Quando começou a passar as histórias no cinema, o público correspondeu na hora.

Esses filmes também abriam espaço para vários artistas se apresentarem. Como eram situados na época do carnaval, serviam para lançar marchinhas, composições, sambas. As histórias tinham sempre um esqueminha montado. Meu amigo Cill Farney - que pessoa boa! - ele fazia o mocinho. Tenho saudades dele, é chato perder um amigo. O José Lewgoy era o vilão. Outro que fazia mocinho, mas que nunca trabalhei com ele, era o Anselmo Duarte. As histórias eram quase sempre as mesmas. Mudavam um pouquinho, mas eram situadas em torno do clima carnavalesco. E o público gostava. No fim, acho que a gente fazia as coisas para o público gostar.



Todos os cantores que gravavam no rádio, que tinham discos e músicas a serem lançados, utilizavam esse meio para lançarem suas composições. Tem um detalhe que é muito interessante: dizem que chanchada é uma palavra italiana – mas não é não. Nunca ouvi, nem na minha família nem na companhia do meu pai. Meu pai, minha mãe, enfim, ninguém dizia: *"Aquilo é uma chanchada"*. Nunca ouvi falar.

Naquele tempo, nós fazíamos o cinema que podia ser feito. E pronto. Não adiantava exigir mais porque era o que estava a nosso alcance – e dava certo. Nós usávamos nossa própria roupa porque o filme não tinha figurino e nem tinha dinheiro para comprar. O diretor vinha na minha casa e dizia, leva essa peça, aquela outra, e montava o figurino do personagem com meu guarda-roupa. Ou então, quando tinha alguma peça de figurino específica, mandava fazer – isso porque era uma coisa especial e todo mundo queria fazer o melhor.



Não era uma atividade que desse dinheiro, no início, para quem estivesse fazendo. Exceto em alguns pouquíssimos casos, na Atlântida todos tinham contratos de trabalho e ganhavam salários mensais. O processo de trabalho era completamente artesanal e não sabíamos se era amador ou não, o fato é que fazíamos. Desde a concepção do personagem até a hora de filmar era tudo muito rápido. Nós recebíamos uma folha de papel, às vezes não era nem script, mas uma descrição da história, informando qual era o nosso personagem. Às vezes eles davam um script inteiro para a gente. Claro que isso era melhor. Mas, do outro jeito, com menos informação mesmo, nós já sabíamos o que fazer, como trabalhar. E contávamos sempre com o diretor, que era quem realmente sabia o que iria ser o filme.



Quando a Atlântida estava no auge do sucesso com as chanchadas baseadas naquelas temáticas de carnaval, criaram os Estúdios Vera Cruz, em São Paulo. Mas isso não tinha nada a ver com a gente. A Vera Cruz veio dizendo que ia elitizar o cinema. Que o nosso cinema iria ser como em Hollywood, que o Brasil iria fazer cinema hollywoodiano, ou então como os filmes italianos do pós-guerra.

Começaram a fazer cinema com histórias mais sérias, mais politizadas, baseadas na realidade. Logo depois o Roberto Farias fez *O Assalto ao Trem Pagador*, que fez muito sucesso. Mas nós queríamos mesmo era dançar, cantar, fazer rir. Embora nós fizéssemos palhaçada, não posso deixar de dizer que rir de si mesmo pode trazer grandes verdades sobre o ser humano.

De certa maneira, essa "competição" que a Vera Cruz veio colocar não impactou em nada a Atlântida inicialmente, mas depois teve que existir uma melhoria na qualidade dos filmes. Mudar um pouco o gênero, buscar outras histórias que o público gostaria de assistir. Eu acho que eles deveriam ter buscado melhorias sim, mas deviam ter continuado a fazer os filmes de carnaval, por exemplo. Que era uma maneira de levar a música ao público. Hoje em dia você não canta mais. Cadê as músicas de carnaval? Nesses filmes aprendia-se a cantar e todo mundo ia aos bailes, às festas. Acabou o filme de carnaval, acabou a música de carnaval.

Claro que a responsabilidade de quem estava criando aquele cinema era muito por conta dos diretores. Tive diretores ótimos. Mas tive também diretores que só preocupavam-se com a parte técnica, não com a parte artística. Então, nós é que tínhamos que nos virar para descobrir o que seria aquele personagem. E, conforme as filmagens, encontrávamos o tipo ideal para ser feito. Nessa hora, a experiência de tantos anos de palco ajudava muito. Às vezes eu era uma mulher jovem e bonita, noutra era mãe de alguém.



O método de trabalho era simples: havia um ensaio conduzido pelo diretor antes de filmar. Nele, nós ouvíamos algumas dicas. E pronto, mandávamos ver. Com o decorrer das filmagens, ajustávamos os detalhes para melhorar. Lógico que eu preferia trabalhar com os diretores que estavam mais preocupados com os artistas, obviamente, e não com aqueles que deixavam os atores livres.

Tive a escola de meu pai, e ele era um diretor de teatro maravilhoso, sabia que ator tem que ser é dirigido. Tem que atender o diretor. Ainda mais em cinema, onde você nunca sabe o que está fazendo – se tem alguém que sabe, esse alguém é o diretor. Mas tem uma coisa: o diretor precisa saber o que ele vai pedir para você. Se ficar falando coisas sem sentido, pedindo algo que o ator sabe que não é possível fazer, ou demonstrar que não sabe muito bem se gosta ou se não gosta do que o ator apresenta, aí o cara fica perdido. O ator perde a confiança. E nada pior que diretor perdido. Significa história perdida, filme perdido.



Numa peça de teatro, por exemplo, há a fase da leitura de mesa, com a presença de todos os atores do elenco, e é possível entender quais os personagens de todos. Descobrir detalhes do seu personagem, como falar determinadas frases, pensar a postura, etc. Levava-se um mês fazendo leitura e isso criava uma intimidade total com o texto. No cinema, não havia esse tempo. Em dois meses nós conhecíamos o papel, fazíamos uma ou duas reuniões para falar da nossa participação, ensaiávamos no set de filmagem mesmo, montávamos a coreografia para as câmeras e logo depois já estávamos filmando.

O Carlos Manga era um dos mais importantes diretores daquela época. Ele era um louco maravilhoso, como todos os diretores de cinema naquela época. Porque, para fazer aqueles filmes de carnaval tão em cima da hora, era preciso ser louco. Eu ia para o teatro e me apresentava, depois saía do teatro e ia para o estúdio, me arrumava novamente e filmava pela madrugada adentro. Amanhecia e ia para casa dormir.



O Manga tinha um pique incrível e era muito engraçado. Eu dizia: *"Como é que eu faço isso?"*, então ele me imitava e depois fazia a cena – me imitando – para eu ver como é que ele queria. E não era só para mim não. Ele imitava todo mundo e depois mostrava como queria a cena. Pergunta se ele não sabe imitar todos os tipos do Chico Anysio. Ele só não foi bom ator porque não quis seguir atuando.

Meu primeiro filme foi *Fantasma por Acaso*. Eu ainda estava na Companhia do Walter Pinto fazendo teatro de revista. Fui convidada junto com a Zaquia Jorge – ela tinha um teatro em Madureira – e a minha amiga Mara Rúbia. Nós fomos fazer o filme com o Oscarito. Éramos as aeromoças do céu. O personagem dele morria e ia com aquelas mulheres lindas e maravilhosas para o céu. Elas não serviam nada. Só ficavam paparicando ele. O cenário do avião era uma porta de entrada, uma parede, as nuvens pintadas e mais nada.



Nós filmamos nos estúdio da Atlântida, que era a algumas quadras do teatro ali na Praça Tiradentes. Íamos a pé do teatro para o estúdio. Eu tinha 18 anos. Não me cansava, tinha um pique incrível, queria até fazer mais duas sessões. Claro que meu pai ficava de olho no teatro, depois no estúdio, não dava uma folga, não deixava que ninguém chegasse perto de mim.

Para quem estava acostumada com os palcos, achei um estúdio de cinema bem esquisito. Uma coisa sem platéia, um ambiente frio, estéril, cheio de silêncio. Não me acostumei imediatamente. Nem mesmo quando o filme foi para as telas – ver a reação do público do cinema era tão diferente do teatro, tão pouco calorosa, que não dava nem para ter um retorno emocional.

Com o tempo, fui percebendo que um filme vai conquistando as pessoas aos poucos, e você vai se tornando realmente ídolo das pessoas. Quando comecei a fazer cinema na Atlântida, como o esquema de produção ainda era muito rápido, tinha muitas falhas. Depois fui pra Herbert Richers, que já era uma coisa um pouco melhor. De qualquer forma, os filmes de um ou outro estúdio tinham uma força que só fui vendo aos poucos. A tela tem uma outra magia com o público, diferente de estar num palco com 500, 1000 pessoas na sua frente, e eles te aplaudirem ali, ao vivo e a cores.



Não sei mais a ordem dos filmes que fiz. *Carnaval em Lá Maior*, por exemplo, foi feito muito tempo depois da minha estréia, em São Paulo, com meu padrasto, Ademar Gonzaga, que era diretor da Cinédia. Ele me pediu para emagrecer, eu fiz regime e entrei no peso que ele queria para o personagem. Gostei de fazer. Aliás, gosto de tudo que fiz, não me arrependo de nada. Não tinha crítica, como todo ator não deve ter. Nossa profissão é para se entregar de corpo e alma. E pronto. Confiar nos diretores, autores e receber o resultado do trabalho do público. É isso.

Ao longo dos trabalhos, ficou muito gostoso fazer cinema. Era uma época vitoriosa, de gente talentosa, eu trabalhava com o Oscarito, Ankito, Walter D'Ávila, Cyll Farney e tantos outros. Os filmes se sucediam, a indústria ia crescendo, tudo acontecia como uma bola de neve que ia juntando as coisas e aumentando o sucesso. O público lotava as salas, as marchinhas eram cantadas em todo canto, enfim, foi uma época maravilhosa, não tenho do que me queixar. E acho que aquelas pessoas que falavam mal não tinham mais o que fazer na vida.

*No filme* Marido de Mulher Boa

Era também uma época de trabalho incessante. Nós fazíamos coisas das quais gostávamos, ganhávamos um dinheirinho por isso e era o que nos motivava. Porque tinha tanto trabalho que não dava nem pra rir nos bastidores. As amizades se desenvolviam em cena mesmo.

O Oscarito era uma pessoa maravilhosa, boa de trabalhar. Ele era aquele tipo de sujeito que fazia tudo para te ajudar, para ficar sempre melhor. Conhecia aquela coisa toda dos equipamentos, das luzes certas, do local da câmera, e sabia como o ator estava sendo filmado. Ele sempre me dizia: *"Olha para lá, olha para cá*, ajudando em cena". Como vinha de circo, tinha um controle incrível nos números de malabarismos, que me assustava às vezes.



Eu vivia fazendo números acrobáticos com ele. Eu dizia: *"Oscar, você vai me derrubar, eu não sei fazer". "Vamos fazer assim então...".* Eu fazia um número dançando com ele em que nós fazíamos uma dancinha e de repente ele subia num banquinho, botava a mão na minha bunda como apoio, eu dava uma cambalhota no ar e ele me segurava na descida. Eu não sei como é que ele fazia aquilo, muito menos como eu conseguia.

Acontece que o Oscarito era de circo e ele estava acostumado a fazer acrobacias como aquela. Todos os movimentos dele eram calculados, nada era fruto de palpite ou tentativa. Então, com o tempo, eu me acostumei e confiei plenamente. Se ele dissesse para mim: *"Você vai dar uma cambalhota"*, eu dizia: *"Tá bem, só me diga onde, quando e como eu faço"*. E ele me ensinava tudo. O Ankito era acrobático também, mas ele estava acostumado a fazer mais coisas com companheiro e não com mulher, que pedia uma dancinha, um pulinho, nada que fosse tão pesado. Mas todas aquelas trapalhadas com os homens eram fruto da escola de circo que ele tinha.

O fato é que todos eles me davam o maior apoio, não só o Oscarito e o Ankito. O Grande Otelo era a mesma coisa que o Oscarito.

Dava sempre dicas, ajudava muito. Quem pensar que eles viviam fazendo nos bastidores a mesma galhofa que faziam em cena está enganado. Porque não dava tempo... Eles estavam sempre em cena. Acho que por isso se divertiam em cena mesmo. Comparando os dois, acho que o Oscarito era um pouco mais disciplinado que o Otelo, que era mais carioca, mais *vai na valsa*. Se bem que, na hora que ligavam a câmera, os dois faziam de tudo para alcançar o resultado que eles mesmos achavam satisfatório.



Com o tempo, fazer cinema ganhou um pouco daquele gostinho de ver os filmes americanos inesquecíveis que eu via desde menina. Claro que não iríamos nunca chegar perto da qualidade daqueles trabalhos, mas estávamos utilizando a mesma linguagem artística, e isso tinha repercussão no público, então era prazeroso.

## Sexto Ato

## Não se Faz mais Musicais como Antigamente

Embora houvesse uma paixão pelos filmes de Hollywood, eu nunca tive aquela vontade de ir trabalhar por lá. Imagina... Quem somos nós, eu pensava. Somos bons atores, temos talentos, mas olha os atores e as atrizes que eles tinham por lá! Tá certo, acho até que nós somos tão talentosos potencialmente, mas nós não estamos preparados, estruturados.

Atualmente, estão preparando os jovens para fazer musicais. A Danielle Winits fez *Chicago*, e foi preparada por mais de seis meses. Isso é o padrão das produções de lá. Tudo bem que agora também já está meio esquisito.

Outro dia, eu estava vendo um seriado que tem um cara que toma conta das praias, *SOS Malibu*. Tem vários seriados com ele. Um dia eu estou vendo e penso: *Conheço esse cara, quem é ele?*

Aí lembrei que ele fez na Broadway *O Médico e o Monstro*. Você tem que ver que ator fantástico, que bailarino, que cantor que ele é. Você não tem idéia. Quando terminava a peça, o elenco todo vinha agradecer, ele vinha do fundo do palco dando saltos mortais para agradecer. Pensei: *Eu não acredito*, o homem deve ter dois metros de altura. Que ator, que cantor, que bailarino! E fazendo aquela porcaria de seriado. Tomando banho de mar! O tempo mudou...



Mas antigamente era uma loucura. Então, não dava para querer ocupar um espaço que já estava muito bem ocupado. Daí, eu continuava no meu cantinho, aqui nos palcos brasileiros e fazendo o nosso cinema da forma como dava. Mas claro que quis conhecer. A primeira vez que nós fomos a Hollywood, fomos fazer uma visita, na casa da Carmem Miranda. Eu e meu marido Cesar éramos amigos da Aurora e do seu marido Gabriel. Foi ele que nos apresentou à Carmem. Quando ela veio ao Brasil, ela foi ver minha peça e retribuiu a visita vindo jantar onosco. Foi uma noite maravilhosa.

*Com Carmem Miranda*

Sou apaixonada pelos musicais, mas sei das comparações e do que somos capazes de fazer. Agora, sou também capaz de ver e rever *Cantando na Chuva* por quantas vezes passar. E continuo admirando. Que coisa maravilhosa, como era bem feito! Eu olhava e dançava junto com Gene Kelly, sabia as músicas todas de cor.

Outro dia revi um filme que eu já vi 20 vezes, *Desfile de Páscoa*, com Fred Astaire e Judy Garland, e não me canso de curtir aquela gente maravilhosa... Como essa gente dançava, que coisa bonita! Era tão lindo ver o Astaire dançar. Que elegância, sempre fazendo tudo parecer o mais simples e fácil, possível. Só que executando movimentos dificílimos.

Ainda adoro conversar a respeito dessa época. Tenho amigos que foram meus parceiros de dança entre uma companhia de teatro e outra, com quem sempre comento sobre os filmes daquela época. O James Wilson, um cinéfilo inveterado, um fã do Rubens Ewald Filho, sempre me liga para comentar se houver algum filme na TV que vão passar, ou para falar de seqüências memoráveis que ele reviu.



Pena que hoje em dia não se faz mais musicais como antigamente em Hollywood. Nunca mais se fez. É muito caro, até para eles. Imagina para a gente né? Nem pensar. Agora, você vê, por exemplo, esses musicais todos, todos que o Fred

Astaire fazia, dançando há mais de 30 anos, os passos que ele fazia eram tão perfeitos que você ficava babando naquela época e ainda hoje não se fez nada melhor. Fred Astaire dançando com Ginger Rogers é eterno. Quem nunca viu não sabe o que está perdendo...

Numa outra vez, fui visitar Hollywood com o meu marido porque ele, de vez em quando, ia até lá para gravar as chamadas dos filmes, colocar voz para as chamadas em português. O Cesar ficou muito amigo de um dos chefões da Metro por conta disso, e me levou uma vez para conhecer os estúdios.



Então, pude ver onde os bailarinos ensaiavam, os estúdios especiais só para os coreógrafos, os estúdios de filmagem, os camarins com roupas e mais roupas, com a estrutura total de uma casa, ou seja, eles podiam ficar lá por uma, duas semanas, quanto tempo fosse necessário para ensaiarem os números até ficarem perfeitos. Eles tinham esse tempo necessário, a estrutura e todo o apoio necessário para o trabalho.

Tinham tempo para ensaiar até com os figurinos, testar tudo antes de filmarem realmente. Por isso ficava tão perfeito. Porque aqueles movimentos já tinham sido repetidos inúmeras vezes, todos os problemas já tinham sido consertados durante os ensaios.

Vi muito dos bastidores dos musicais. Uma das coisas que mais me impressionaram também foi o guarda-roupa e a forma como expunham os figurinos antigos. Havia uma série de armários com portas de vidro, onde ficavam roupas expostas e as informações – tal peça foi usada por Bette Davis no filme tal. Eles guardavam, acho que ainda guardam, essas roupas como relíquias, cobravam para que elas estivessem em exposições, ou seja, faziam de tudo para valorizar os mitos, os ídolos, e manter vivo o glamour do cinema que conquistou o mundo. Tinham perfeição para realizar e perfeição para vender.



Quando estive por lá, fiz um ensaio fotográfico lindo, no famoso estúdio do Peter Hesse, com o fotógrafo Seewell, que fotografava um monte de beldades da época. Foi uma produção linda com um figurino que ele pegou emprestado no próprio estúdio. Eu estava grávida do meu filho Renato. Essas fotos foram guardadas pela minha neta. Acho até que ele mandou algumas para pessoas dos estúdios, mas não deu em nada.

*Renata by Seewell at Paul Hesse*

*Renata by Seewell at Paul Hesse*

Na verdade, os produtores em Hollywood alcançaram uma perfeição em tudo o que faziam que a gente não tinha tempo, nem dinheiro para alcançar. Talvez tivéssemos até talento que poderia ser trabalhado. Mas nunca chegaríamos naquele nível. E isso era fato. Eu entendia e aceitava isso numa boa. E fazia o melhor que podia. E o público reconhecia. Menos os críticos.

Agora, dá pra comparar os nossos musicais com os musicais americanos? Não. Isso é bobagem, coisa de quem não sabe de nada a respeito das produções. Você imagina quanto custava fazer um filme daqueles, com aquela gente toda dançando? E os camarins? O camarim do Clark Gable era um apartamento! Ele tinha coisas assim de cair para trás com tanto luxo – quarto, banheiro, uma sala e depois tinha um quarto onde vivia o seu criado permanente, que ficava lá e o ajudava a vestir, maquiar – não precisava nem ir pra casa.



Por isso tenho orgulho dos muitos musicais que fiz. Porque sei o quanto eles eram difíceis de fazer para os americanos e como nós alcançávamos os nossos resultados com tanta diferença na produção. Não adianta me perguntar qual o melhor, qual o inesquecível. Eu achava inesquecível tudo o que era bonito e dançante.

Num desses filmes, por exemplo, o Oscarito tinha que aparecer no meio da cena, entre as bailarinas. Então, nós inventamos com o diretor como ele chegaria. Tivemos as idéias, pensamos na música. Logo depois, ensaiamos e filmamos. Ele ficou feliz com o resultado, eu adorei também, porque tinha sido uma criação em conjunto. Claro que não era com aquela perfeição que a gente via nos filmes americanos. Mas era assim que podíamos fazer, era o nosso melhor.



Trabalhei também com o J.B. Tanko, a quem chamávamos discretamente como "bela tanque" – e ele ficava puto com isso. Ele tinha fama de brabo. Eu tinha horror dele, tinha muito medo porque todo mundo dizia assim: *"Ih, trabalhar com o Tanko é um horror"*. Um dia eu soube: *"Ih, vou fazer o filme do Tanko, ai meu Deus!"*.

Bom, mas eu sempre fui muito disciplinada no meu trabalho, não era de faltar, chegar tarde, de não fazer nada errado. E o Tanko ficou muito meu amigo depois. E aquela dureza toda ficou engraçada. Fiz alguns filmes com ele na Herbert Richards, o estúdio que ele dirigia. Depois ainda fiz *Como Ganhar na Loteria sem Perder a Esportiva*, que ele produziu fora do estúdio, fez como produção particular.

O filme mais recente que fiz foi da Carla Camurati, *Copacabana*. Eu vi o filme numa sessão especial. Achei que estava muito cortado. Não sei, mas acho que o que ela quis fazer inicialmente não ficou exatamente como ela tinha planejado. Tinha cenas que você sentia que não estavam na seqüência da história. Mas, no geral, acho o filme bom, não é ruim. O Marco Nanini em especial estava espetacular. Eu nunca tinha trabalhado com ele. Ele trabalhava muito com a Marília Pêra.



Fiz também algumas produções internacionais que passaram por aqui. Uma delas chamava-se

*Il Barbiere di Rio* (*O Barbeiro do Rio*), do diretor Giovanni Veronesi, um cara que faz muito cinema. Era uma fita italiana, mas nem vi o resultado final. Eu falava meio português, meio italiano. A história era situada aqui no Rio.

Outra produção foi de um brasileiro que mora nos EUA chamada *Dead in the Water* (*Morto na Água* – 2002). Eu fazia uma empregada de uma atriz americana, que atuava falando português, quer dizer, falando nada porque ela decorava as falas e dizia o texto decorado, não sei como a atriz conseguia. Éramos eu, ela, dois americanos e mais dois brasileiros que moram nos EUA. Agora, também não sei no que deu, não vi o resultado final.



Numa das seqüências, a empregada sai andando e eu saio andando atrás dela dizendo: *"Não faça isso, não dá, fica quieta, espera aí"*; aí a gente ia. O diretor tinha recebido uma máquina que trouxe dos EUA onde tinha essa câmera que seguia a gente (*steady-cam*). Até acertar a filmagem, repetimos não sei quantas vezes...

Mas isso faz parte do cinema. Depois que vai pra tela, fica tudo mágico – quando é bem feito, claro, porque quando não é, não tem magia que dê jeito.

## Sétimo Ato

## As Pessoas Passaram a Ver mais Televisão

Não acho que a televisão tenha sido um marco divisor tão grande na vida brasileira, como se diz. A televisão começou muito devagar e foi crescendo com o tempo. E nesse passar dos anos as coisas foram acumulando, o país também foi crescendo. Quando ela iniciou era feita ao vivo e tinha inúmeros problemas.



Não lembro ao certo quando foi a primeira vez que entrei num estúdio de televisão. Mas estive na TV Tupi, quando o estúdio ainda era na Av. Venezuela. Essa é uma das minhas memórias mais antigas. Tinha havido aquela transmissão simbólica do Chateaubriand para inaugurar a TV. Eles faziam esquetes, cantavam músicas, tinha de tudo. Já havia quem escrevesse para a televisão, embora o pessoal de teatro e rádio estivesse todo trabalhando nela.

*Renata nos estúdios da TV Tupi*

TV TU

Depois, bem mais tarde, apareceu o vídeo-tape, começaram a fazer gravações e isso foi melhorando o processo, fazendo a produção crescer. E as pessoas passaram a ver mais televisão mas, graças da Deus, continuaram ouvindo rádio, indo ao cinema e ao teatro. Só que a TV virou um fenômeno de popularidade. A mudança é necessária, é uma coisa natural. Eu estive presente em todas essas épocas e isso foi muito bom.

Mas o fato é que a televisão começou a se modificar e se preparar realmente para fazer o gênero televisão. O Brasil é muito assim, ele tem muito talento, muita paixão, mas demora até as coisas se ajustarem. Estive também na TV Excelsior, na TV Rio, ali na Urca, naquele local onde foi o Cassino Copacabana.



Eu não olho para o passado com tristeza ou melancolia, como muita gente romântica gosta de dizer que aqueles tempos em que nós vivemos é que foram bons tempos. Claro que eram bons, mas aconteceram na hora em que tinham que ser. Para mim tudo é bom na hora que acontece e quando tem que ser. Não se pode apressar nada, nem adiantar. Há tempo pra tudo na vida.

Até porque pode parecer o contrário, porque dizem que o País não tem memória, mas o público também cresceu com a gente e por isso não se esquece tão facilmente das coisas. Quando me encontram nas poucas vezes que saio às ruas, as pessoas perguntam: *"Por que você não faz mais televisão? Não faz mais cinema?"*, e lembram da *Família Trapo*, de outros programas. Para mim é maravilhoso. Esse encontro com o público é a única coisa que me dá felicidade. Mas nunca fiquei feliz por causa de fama – fama é coisa de momento. E passa.



Entretanto, é preciso entender que agora a época é outra. Não adianta você querer explicar para as pessoas que as coisas são diferentes, que a televisão busca novos atores o tempo todo. E que, como me disse o Clodovil uma vez: *"Hoje em dia, mulher com bunda bonita está feita, não precisa fazer mais nada"*. Eu concordo com meu amigo, mas lamento, claro.

Não estou dizendo também que as mulheres não devam ter corpo bonito. Têm que ter beleza sim, como antigamente as mulheres tinham que ser bonitas, tinham que ter corpo "violão" para botar maiô, até biquíni. Só que essa beleza não era exposta exageradamente como a beleza que se expõe hoje. Essa mania de calcinha enfiada na bunda é feia. Aquelas fotografias que as mulheres tiram peladas, com as pernas abertas, são horrorosas, completamente antiestéticas.



A estética na mulher é a coisa mais bonita que tem. Desde o formato do corpo até a postura, a forma de andar, tudo numa mulher tem que ser olhado pelo lado estético. Uma mulher tem que saber onde colocar as mãos, os braços, como se sentar com as pernas cruzadas, enfim, tem que se valorizar o tempo todo, tem que saber se colocar. E, obviamente, não expor sua beleza vulgarmente. Porque a vida é essa: daqui a pouco qualquer uma fica velha e aquela fotografia de perna aberta vira uma lembrança horrível. E a velhice chega para todas, não adianta.

*Renata by Avila*

Quando vejo uma nova atriz trabalhando, às vezes tenho a impressão de que ela acha que somente a beleza do corpo vai ser suficiente para atuar. E não tem o menor talento. O que acontece é que, às vezes, o papel é bom, a história é boa e ela vai enganando. Mas, um dia, a beleza vai passando e tem que ficar o talento. E, além disso, quando o papel não for bom, ela tem que buscar o melhor de si, porque senão já era.

Uma vez, eu estava fazendo uma novela com uma jovenzinha que fazia minha sobrinha. Ela estava sentada ao meu lado e eu percebia que ela estava muito atrapalhada. Eu dizia: *Tenha calma*, da forma mais calma do mundo. E pedi ao diretor: *"Podemos ensaiar sozinhas antes de gravar?"*. Aí ela dizia assim para mim: *"Não precisa ensaiar. Eu sei"*.



Eu continuava calma e tentando ajudar: *"Olha, eu não estou falando que você não sabe. Só estou dizendo pra você não ficar nervosa"*. Mas ela continuou dizendo que não precisava. Conclusão: a cena ficou ruim. E eu calei a boca, enfiei minha viola no saco. Porque a verdade é que tem meninas que fazem cursos de teatro e acham que já sabem tudo, mas não é assim não. Então não adianta querer ajudar quem não quer ser ajudada.

Mas também tem umas que caem na real e são do tipo *Pelo amor de Deus me ajuda, me socorre.* Tá bem, com essas eu sento e digo: *"Então vamos nós duas lá no canto do estúdio passar o texto para ver como é que sai?".* Uma delas, num outro trabalho, falava rápido demais. *Mais calma, sem pressa, porque só assim você vai acreditar no que está dizendo*. Ou seja, quando uma pessoa ajuda a outra, sai tudo mais fácil. Aconteceu comigo quando eu comecei, então porque não ajudar os mais jovens, quando eles precisam tanto?



Eu fiz *Malhação* por um ano e meio. Fazia a mãe da Suzana Werner. Ela é tão bonita, talentosa, tem tudo para seguir adiante. Aquele trabalho foi muito interessante. Era assim: estreantes, estreantes, estreantes e eu, a veterana.

Era engraçado, mas muito cansativo. O segredo da boa atuação com mais jovens está no companheirismo, na cumplicidade, na confiança que você pode passar. Só assim eles aprendem. Porque essas escolas de teatro que eles fazem às vezes são uns cursos anunciados nos jornais e dos quais você nunca ouviu sequer falar no nome dos professores.

Eu tive a escola do meu pai. Que era um ator maravilhoso e um diretor espetacular. Então, eu nunca fazia nada que ele não me pegasse de lado e me desse indicações, me explicasse como fazer e como seriam as coisas. Isso para mim era uma grande ajuda. E eu aprendi tudo com ele. Desde falar, se posicionar, olhar, até dar a "deixa" para o companheiro. De repente, no meio do palco, ele me olhava e perguntava: *"Onde vai botar as mãos?"*. Eu ficava sem saber o que dizer. E perguntava de volta: *"Onde eu ponho a mão?"*. *"Põe no bolso"*, ele dizia. *"Eu não tenho bolso!"*. *"Então, você estica os braços ao longo do corpo e o único movimento que você faz é suavemente. E depois fica quieta"*, demonstra pousando uma das mãos sobre a outra em frente do corpo.

Ele me corrigia muito nisso porque falar gesticulando é horrível, parece que precisa das mãos para falar (mesmo com sangue italiano, Renata não gesticula ao falar, a exemplo de muitos de seus compatriotas, conhecidos pela expansividade). Meu próprio pai, quando tinha uma fala muito grande, e não tinha onde, nem como, se proteger com a postura do corpo, simplesmente colocava as mãos nos bolsos. E parecia que estava completamente à vontade.

Acontece que humor não tem fórmula nem receita. Tem que praticar. E, na televisão, na minha época, só ia pro ar quando ficava perfeito. Tem que entender o tempo certo de cada um do elenco, tem que saber fazer escada, tem que ser generoso para isso.



Quando você diz uma piada e o público ri é ótimo, claro. Mas quando a platéia não ri a gente fica puto - explica entre risos. Fica danado da vida. Pensa: *Meu Deus! Hoje eles vieram de mau humor*. Tem que se desdobrar e fazer mais para ver se levanta algumas gargalhadas.

Só dá para descobrir como encontrar o tempo certo do riso com prática mesmo, e a coisa fica intuitiva. Agora, se depois de tanto tempo o público continua sério, é melhor o ator esquecer e tentar outro gênero.

Às vezes acontece também de você dizer uma coisa sem querer e ela ser engraçada. Isso é comum. Mas não é aquela situação pensada em que fica: *Aqui eu digo isso, para depois dizer aquilo e complementar com isso*. Não é assim que funciona. Tem principalmente o texto, mas



tem também o corpo, as reações. Para quem faz o gênero que eu faço, tem que ter também muita intuição para o que está acontecendo na hora da cena.

O Zeloni, por exemplo, era um ator muito engraçado porque ele era engraçado naturalmente. O Golias é a mesma coisa, ele é engraçado. Pessoalmente ele até é um pouco tímido, caladão. Mas falou ação, ligou a câmera ou abriu o pano, ele se transforma. Fala e não tem papo. É maravilhoso. Sendo que, inclusive, ele é uma das pessoas que eu conheço que mais decora texto. Mas precisa de alguém que o conheça bem e escreva as frases certas. O Carlos Alberto da Nóbrega sabe escrever para ele.

Eu não gosto de improvisar, mas acontece. Até porque eu sempre fui uma atriz muito disciplinada para o texto, para as marcações da cena e para o tempo do espetáculo. Claro que dependia do tipo de trabalho que eu estava fazendo. Caco é uma coisa que você não vai planejar, não pensa: *Eu vou botar um caco nessa frase.*



Quando você sabe que o texto é muito bom, você pode até botar um caco numa fala ou noutra. Mas na televisão não dá para dizer muita coisa fora do texto, senão o diretor pára e começa de novo. Uma vantagem da TV é que você esquece o texto e pára. O cinema também. No teatro fica do jeito que sair. Mas isso é um risco também, porque pode ficar uma droga.

Por isso, o ator não pode entrar numa peça de teatro, entrar em cena e começar a dizer coisas fora do texto como quiser. Tem que respeitar o autor, o diretor, os outros atores. E, principalmente, eu acho ótimo também haver respeito do ator para com o público, seja do cinema, do teatro ou da televisão. Isso é muito importante.

O Jorge Dória é um que nunca diz o texto completo. Ele pula partes, coloca um caco atrás do outro. Mas o Jorge Dória é engraçado. Então a gente não pode falar. Tem atores que são maravilhosos mesmo. Por exemplo, o Oscarito é outro. Quando botava um caco, ele demonstrava que ia fazer e você se preparava porque ele olhava primeiro para você de um jeito diferente. Então você já ficava esperando ele dizer o que tinha que dizer. Fazia a graça dele e entregava o texto corretamente. Tinha respeito pelo colega de trabalho. Mas tem outros que abrem a boca para contar um fato e você já fica assim: *Hummm... Ai que horror.*



O problema é que o humor que se faz na televisão mudou muito. Atualmente, é um humor apelativo. Não dá. Assim não dá pra ver, imagina se divertir. Tem alguns programas de humor espalhados pelas emissoras, mas você tira um, no máximo dois esquetes bons, e o resto é bunda de fora e pessoas olhando para a bunda. Ou então, pra variar, no meio de uma cena, passa uma garota com o biquíni todo enfiado na bunda. Pra que isso? Não tem a menor graça tirar a roupa assim. Você pode fazer muita graça sem precisar ficar olhando pra bunda de ninguém. É grosso e insensível.

Outro dia, eu estava vendo alguns programas – que prefiro não citar o nome – e pensando: *Meu Deus, que script fraco, quanta piada repetitiva.* Tem humoristas ótimos que ficam cansativos porque se repetem muito. O Tom Cavalcante, por exemplo, é um cara talentoso, mas precisa se renovar.



No tempo em que eu fazia programas de humor, eu passava dia e noite sem sair do estúdio. Mas nós nunca deixávamos passar uma coisa que não fosse engraçada. Cansei de entrar na TV Globo às oito da manhã e sair às três da tarde do dia seguinte. Nós dormíamos no chão do camarim. Fazíamos o quadro, víamos o resultado, se não estivesse bom, dizíamos: *"Vamos repetir, vamos fazer de novo, vamos ver como é que é de outra forma"*, até ficar bom.

E olha que as mulheres bonitas que trabalhavam na Globo, e que faziam programas de humor, eram uma mais bonita que a outra. E não tinha exploração nem vulgaridade. Quando cheguei na TV Globo para trabalhar ainda era uma coisa muito mais artesanal, todo mundo ia aprendendo durante a prática. Nós íamos aqui na esquina da Rua Lineu de Paula Machado, no Jardim Botânico, pegar o script à meia-noite para gravar no dia seguinte de manhã.



O sucesso da Globo deve-se porque ela soube realmente reunir um bom elenco. E manter todos. Tinha muita gente boa lá. Trabalhei com muita gente maravilhosa, não dá nem pra citar todo mundo... Paulo Gracindo, Glória Menezes, Tarcísio Meira, Glória Pires, que sabia de tudo desde pequenina, um talento nato, eu trabalhei com ela ainda menininha, era aquele tipo de atriz que você olha e pensa: *Essa não precisa dizer nada porque já nasceu assim, é perfeita.*

Enfim, aquele era nosso meio artístico. No teatro e no cinema eu já tinha atuado com Oscarito, Grande Otelo, Procópio Ferreira, Ankito, Zé Trindade, Walter D'Ávila, nossa, não dá nem pra começar a citar porque são tantos... - o olhar se perde - isso sem falar das mulheres... Eu tive sorte de ter trabalhado com bons companheiros, boas companheiras.



Lembro que nós íamos ao *Almoço com as Estrelas* do Aerton Perlingeiro (no Rio) e era uma delícia porque colocávamos o papo em dia. Hoje o Faustão faz um quadro servindo pizza para os convidados. O velho Chacrinha é que estava certo, nada se cria, tudo se copia.

Dos humoristas de hoje, uma vez fiz um desses episódios da *Turma do Didi* com o Renato Aragão. Foi uma participação pequena, eu fazia só uma grã-fina com um gato no colo, nada de especial. Mas valeu também. Fico muito feliz com todos esses amigos. Tanto que tenho até hoje amigas do tempo do teatro de revista.

O diferencial do sucesso da Globo não era só porque fazia uma novela, pela montagem, pelo acabamento dos cenários, da produção de arte, que são sempre muito bons até hoje em dia. Mas, lá no início, foi uma emissora que soube investir em talento artístico e pode manter este talento trabalhando para ela. Hoje, por exemplo, vejo aquele ator maravilhoso que nem conheço pessoalmente, o Paulo Betti, indo trabalhar noutra emissora. Uma pena perder um talento daqueles. Na minha época, nunca que ele ficaria longe da Globo.



As outras emissoras deveriam investir em talento sempre. Artistas bons, autores bons. Outro dia eu vi *O Cunhado*, esse programa do Golias com o Moacir Franco. Muito ruim! Não sei quem está escrevendo, porque geralmente quem sabe escrever para o Golias é o Carlos Alberto da Nóbrega. O Golias pega o texto dele e vai direto porque o Carlos Alberto escreve para o Golias desde que ele começou.

Nós fazíamos um programa com o Nóbrega que se chamava *Você Pode Ser o Assassino*. Era uma história muito engraçada, que retratava um julgamento. Geralmente, o Carlos Alberto era o presidente do júri, tinha advogado de defesa, de acusação e o júri eram todos convidados – grã-finos tipo Joyce Pascowitch, pessoas de nome da sociedade paulista.



Tinha ainda Zeloni, Golias, a Wanderléa fazia um personagem, o Erasmo, que estava no auge, também participava. Um de nós era o assassino. Às vezes, o Zeloni fazia um costureiro bicha engraçadíssimo. Numa dessas histórias, ele matava a Wanderléa que era a manequim dele. Mas eu era a acusada. Então o Zeloni não se agüentava no meio da encenação e entregava a verdade gritando: *"Não é você! Eu matei! Matei!"*. Ele saía correndo pela platéia. Corria todo mundo atrás dele.

Era uma coisa engraçada porque a história era sempre diferente e o elenco sabia como tirar momentos engraçados. E era isso que o público queria. Nós não fazíamos nada de propósito. Não pensávamos: *Vamos fazer palhaçada*. Mas acontecia. Outro dia o João Kleber estava fazendo a história de um assassinato, com júri, eu pensei: *Tenha a santa paciência*. Que horror...

## Oitavo Ato

## Nós Morríamos de Rir o Tempo Todo

A *Família Trapo* foi um dos grandes programas de humor da televisão brasileira. Eu estava aqui no Rio e o Cesar, meu marido, foi para São Paulo e encontrou o Carlos Alberto da Nóbrega num restaurante. E o Nóbrega perguntou: *"A Renata está fazendo o quê?"*. Meu marido respondeu: *"a Renata não está fazendo nada agora, por quê?"*. *"Ah... pelo amor de Deus! Me dá o seu telefone e amanhã eu te ligo e te digo alguma coisa"*. O Cesar ficou curioso: *"Mas o que é? Nós estamos bolando um programa e precisamos de uma pessoa"*. E logo depois me chamaram.



Antes de mim, eles convidaram a Fernanda Montenegro, mas ela não quis. Então, o elenco ficou com o Zeloni, que era o rei do papo, com o Jô, o Golias, a Cidinha Campos, eu e o Ricardo Côrte Real. Quem escrevia era o Manoel Carlos, junto com o Carlos Alberto da Nóbrega e com o Jô.

Todos eles estavam metidos na criação das histórias, eles se reuniam, conversavam e o Manoel Carlos escrevia. Desde aquela época o Manoel Carlos já era fogo, só entregava o texto em cima da hora. Nas novelas, eu também soube que ele demora muito para entregar o texto. Mas acontece que escreve maravilhosamente bem. O texto dele corre. Você pega a cena e ela flui para o ouvido do público num instante. É de fácil entendimento, ele é gênio. Só que, durante quatro anos fazendo o programa e vivendo naquele estresse, dava um cansaço.

*O elenco original da Família Trapo: Renata, Ricardo Côrte Real, Otelo Zeloni, Ronald Golias, Cidinha Campos, Jô Soares, com a participação de Nair Bello.*

Acho que, por conta dessa correria, não dava nem muito tempo de convivência fora do palco. Nós não viramos realmente uma família nos bastidores. Não era um trabalho fácil porque tínhamos que decorar e ensaiar sem muito espaço para erros. O bom é que nós morríamos de rir o tempo todo no palco mesmo. Se não fosse assim, não tinha sentido. Já cansei de sair de quatro do cenário, de não conseguir nem levantar de tanto rir. Tinha horas em que saia de cena e nem sabia para onde ir porque começava a rir e não parava mais. Era uma loucura.



Foi muito bom para mim ter participado de um programa tão marcante da história da televisão. Tinha gente na porta do teatro para buscar os ingressos durante toda a semana. No inverno, era um mar de casacos de pele, gente da alta sociedade que ia ver o programa. Aplaudiam a entrada dos atores, ofereciam jantares em nossa homenagem. Hoje eu vejo que ele rende algumas tentativas de cópias, como *A Grande Família*, que quis fazer uma comédia parecida. Mas, sinceramente, acho que não conseguiu.

*Cena de* Família Trapo, *com Otelo Zeloni, Ronald Golias, Ricardo Corte Real, Renata e Jô Soares*

*Além do elenco fixo, convidados especiais da* Família Trapo*: Carlos Alberto de Nóbrega, Blota Júnior, Branca Ribeiro, Agnaldo Rayol, Fred Herman, Roberto Carlos (encoberto por Ricardo Corte Real), Wanderley Cardoso e Erasmo Carlos*

Aquilo é outra coisa. *O Sai de Baixo* também – quis fazer uma *Família Trapo* e não conseguiu, fez uma bagunça.

A *Família Trapo* tinha uma historinha sempre bem escrita, tinha os personagens fixos, os convidados. Não era aquela série de deboches sobre o cabelo da atriz, por exemplo. Havia três atores cômicos que eram o Jô, Zeloni e Golias. Eles é que mantinham a parte de humor. Eu fazia a Helena. Acho que foi uma das primeiras Helenas do Manoel Carlos. Toda novela dele não tem uma Helena? Então, eu fui a Helena da *Família Trapo*.



Nós tínhamos também marcas de roupas que nos vestiam. Eu sempre fui vestida pela Pull Sport, que era de uma amiga minha. Eu ia de manhã na loja, escolhia a roupa que eu queria, que eu via que era de acordo com o que eu ia fazer na história, e usava. Ela dava as peças pra mim depois. Eu ganhava tanta roupa! Agora estou com um quarto cheio e amontoado de roupa.

Estou separando o que me interessa, o que interessa à nora, filhas, e depois eu vou chamar por telefone uma instituição e doar tudo.

Depois da *Família Trapo*, fiz novelas e séries. Me lembro de uma com a Regina Duarte... Chamada *Minha Doce Namorada*. Eu peguei o bonde andando, a história já estava no meio. A Regina era tão bonitinha... Tinha tido a filha Gabriela há cerca de um mês e meio.

Depois teve uma novela que era uma comédia, um casal em que o marido ganhava salário mínimo e fazia de tudo para conseguir um emprego melhor. Não me lembro de muitas coisas mais. Infelizmente.



Mas teve uma minissérie que não era comédia. Era o maior dramalhão. Foi em *Memorial de Maria Moura*. Eu fazia uma espanhola que trabalhava no circo. Tinha a Glória Pires num personagem lindo. Mas eu chorava... Como chorava.

Quem me convenceu a fazer foi o Carlos Manga. Ele me mandou ler o livro e eu disse: *"Manga, mas é um dramalhão!"*. Ele respondeu: *"Que dramalhão nada. É engraçado, você vai ver"*. E eu caí no papo dele. E chorava, chorava. Eu tinha uma cena que o meu filho caía do trapézio, ficava no chão meio morto-vivo, e eu chorava com sotaque espanhol. Nunca tinha chorado em cena porque, como já disse, meu gênero é a comédia. Acho que eu ficava tão agoniada que chorava de raiva, arremata entre risos.



Porque choro de tristeza, jamais.

*Noite de entrega do* Prêmio Roquette Pinto, *com a presença de (entre outros) Martinha, Cidinha Campos, Roberto Carlos, Ronald Golias, Agnaldo Rayol, Wanderléa, Elis...*

... Idalina de Oliveira, Erasmo Carlos, Wilson Simonal, Caetano Veloso, Caçulinha, Otelo Zeloni, Chico Anysio, Renato e Ricardo Corte Real, Carlos A. de Nóbrega e Jô Soares

## Histórico Profissional

### Teatro

*Cia. Brasileira de Operetas*
Direção Cesar Fronzi
Operetas e Teatro de Revista
Função: Atriz amadora
Década de 40 – Brasil / Argentina

*Cia. Eva Todor*
Direção: Eva Todor
Teatro de Revista
Função: Atriz (1° trabalho profissional)
Década de 40 - São Paulo

*Cia. Walter Pinto*
Direção: Walter Pinto
Teatro de Revista
Função: Atriz
Década de 40 - Rio de Janeiro

*Cia. Aurimar Rocha*
Direção: Aurimar Rocha
Peças de comédia
Década de 50 - Rio de Janeiro

*Cia. de Revista Geisa Boscoli – Teatro Jardel*
Direção: Geisa Boscoli
Teatro de Revista
Década de 50 - Rio de Janeiro

*Cia. Cesar e Renata Fronzi de Teatro*
Direção: Cesar Ladeira
Teatro de Revista
Década de 50 - Rio de Janeiro
*Fui autora, diretora e atriz de todas as peças que montamos*



*Cia. Zeloni*
Direção: Otelo Zeloni
Teatro de Revista
Década de 50 - São Paulo

Ao longo dessas duas décadas, Renata fez peças de revista intituladas *Adorei Milhões, Assim de Mulher, Brasil 3000, Olha a Boa, Com Força Total, Vai da Valsa, Zum Zum*.

Também escreveu e dirigiu, junto com Cesar Ladeira, dez versões para a Revista chamada *Café Concerto*, apresentadas em boates do Rio de Janeiro, como a Casablanca, na Urca.

*Com Procópio Ferreira*

## Cinema

**1946**

*Fantasma por Acaso* (Aeromoça)

Atlântida - Direção Moacyr Fenelon

Elenco: Oscarito, Grande Otelo, Mara Rubia, Wanda Lacerda, Mary Gonçalves, Nelson Gonçalves, Cyro Monteiro, Bob Nelson.

**1954**

*Toda a Vida em Quinze Minutos*

(como ela mesma) - Direção: Pereira Dias

Elenco: Cesar Ladeira, Mara Rubia, Mary Gonçalves, Rodolfo Arena, Sergio Augusto.



**1955**

*Carnaval em Lá Maior* (Lola)

Cinédia SP - Direção Adhemar Gonzaga

Elenco: Cesar de Alencar, Aracy de Almeida, Alvarenga e Ranchinho, Ataulfo Alves, Ivon Cury, Arrelia, Carmélia Alves, Walter D'Avila, Adoniran Barbosa. *Esse filme foi dirigido pelo meu padrasto, Adhemar, que se casou com a minha mãe anos depois que meu pai faleceu.*

**1956**

*Guerra ao Samba*

Atlântida - Direção: Carlos Manga

Elenco: Lourdinha Bittencourt, Ivon Cury, Adelaide Chiozzo, Virgina Lane, Eliana Macedo, Herivelto Martins, Francisco Carlos.

*De Pernas para o Ar* (Jenny)

Herbert Richers - Direção: Victor Lima

Elenco: Moacyr Deriquem, Ankito, Emilinha Borba, Nelson Gonçalves, Grande Otelo, Costinha.



**1957**

*Treze Cadeiras* (Ivone)

Atlântida - Direção: Francisco Horn

Elenco: Cyll Farney, Zezé Macedo, Oscarito, Maurício Shermann, Zé Trindade, Delly Azevedo.

*Pé na Tábua*

Herbert Richers - Direção: Victor Lima

Elenco: Ankito, Waldir Maia, Nelly Martins, Vera Regina, Sérgio Ricardo, Jô Soares.

*Garotas e Samba* (Naná)
Atlântida - Direção: Carlos Manga
Elenco: Cesar de Alencar, Emilinha Borba, Francisco Carlos, Antonio Gonçalves, Cyll Farney, Ivon Cury, Cesar Ladeira, Berta Loran, Jece Valadão.

*Espírito de Porco* (Geraldina)
Herbert Richers - Direção: Victor Lima
Elenco: Elizeth Cardoso, Zé Trindade, Consuelo Leandro, Trio Irakitan.



**1958**
*Massagista de Madame*
Herbert Richers - Direção: Victor Lima
Elenco: Irma Alvarez, Estelita Bell, Íris Bruzzi, Eliseth Cardoso, Milton Carneiro, Renato Consorte, Costinha.

*Hoje o Galo sou Eu* (Lúcia)
Lupo Filmes - Direção: Ronaldo Lupo e Aloísio T. Carvalho
Elenco: Henriqueta Brieba, Waldir Calmon, Ronaldo Lupo, Rosângela Maldonado.

**1959**

*É de Chuá* (Maria Xangai)
Herbert Richers - Direção: Victor Lima
Elenco: Pedro Dias, Gilberto Alves, Ankito, Dircinha Batista, Linda Batista, Emilinha Borba, Costinha, Carequinha, Nora Ney, Grande Otelo, Agostinho dos Santos, Nelson Gonçalves, Jamelão, Zezé Macedo.

*Pistoleiro Bossa Nova* (Lili)
Herbert Richers - Direção: Victor Lima
Elenco: Ankito, Wilson Grey, Grande Otelo, Trio Irakitã.



*Garota Enxuta*
Herbert Richers - Direção: J.B. Tanko
Elenco: Ankito, Emilinha Borba, Íris Bruzzi, Elizeth Cardoso, Milton Carneiro, Renato Consorte, Ivon Cury, Carlos Imperial, Grande Otelo, Agnaldo Rayol, Vera Regina, Agostinho dos Santos, Moreira da Silva, Orlando Silva.

**1960**

*Vai Que é Mole* (Repórter)

Herbert Richers - Direção: J.B.Tanko

Elenco: Anilsa Leoni, Ankito, Grande Otelo, Carlos Imperial.

*Marido de Mulher Boa* (Arminda)

Herbert Richers - Direção: Victor Lima

Elenco: Geraldo Alves, Juca Chaves, Billy Davis, Zé Trindade, Zelloni, Lílian Fernandes.

*Briga, Mulher e Samba* (Mira)

Lupo Filmes - Direção: Ronaldo Lupo e Sanin Cherques

Elenco: Billy Davis, Luely Figueiro, Atila Iorio, Ronaldo Lupo, Tito Madi, Moreira da Silva.

**1961**

*O Homem que Roubou a Copa do Mundo*

Herbert Richers - Direção: Victor Lima

Elenco: Billy Davis, Dorinha Duval, Ronald Golias, Grande Otelo, Marivalda.

**1962**

*Quero Essa Mulher Assim Mesmo*

Lupo Filmes - Direção: Ronaldo Lupo

Elenco: Anilsa Leoni, Grande Otelo, Ronaldo Lupo.

**1968**

*As Aventuras de Chico Valente*

Lupo Filmes - Direção: Ronaldo Lupo

Elenco: Wilza Carla, Costinha, Luely Figueiro, Atila Iorio, Ronaldo Lupo.



*Papai Trapalhão*

Herbert Richers - Direção: Victor Lima

Elenco: Neide Aparecida, Jô Soares, Zeloni, Luiz Delfino, Labanca.

**1970**

*Salário Mínimo* (Angelina)

Cinédia - Direção: Adhemar Gonzaga

Elenco: Geraldo Alves, Paulo Gracindo, Costinha, Cesar Ladeira, Roberto Guilherme, Wilson Grey, Elke Maravilha, Wellington Botelho.

**1971**

*Como Ganhar na Loteria sem Perder a Esportiva*

Herbert Richers - Direção: J.B. Tanko

Elenco: Flávio Migliaccio, Costinha, Agildo Ribeiro, Procópio Ferreira, Zeloni, Maria Della Costa, Fregolente, Paulo Porto.

**1975**

*Um Soutien Para Papai*

Direção: Carlos Alberto de Souza Barros

Elenco: Jorge Doria, Íris Bruzzi, José Lewgoy, Amândio, Henriqueta Brieba, Wilza Carla, Carlos Alberto de Souza Barros, Paulo Pinheiro.



**1977**

*Este Rio Muito Louco* (Kiki)

Episodio da trilogia: *Kiki Vai à Guerra*

Direção Geraldo Brocchi, Denoy de Oliveira

Elenco: Helber Rangel, Ivan Senna.

**1975**

*Assim Era a Atlântida*

Atlântida - Direção: Carlos Manga

Elenco: Julie Bardot, Norma Bengell, Adelaide Chiozzo, Jayme Costa, Ivon Cury, Anselmo

Duarte, Cyll Farney, Wilson Grey, Odete Lara, José Lewgoy, Eliana Macedo, Sonia Mamede, Oscarito, Grande Otelo, Zé Trindade, Eva Wilma.

**1996**

*O Barbeiro do Rio* (Angelina)

Produção italiana - Direção: Giovanni Veronesi

Elenco: Diego Abatantuono, Rocco Papaleo, Giuseppe Oristanio, Dario Tata.

**2002**

*Copacabana* (Noemia)



Copacabana Filmes - Direção: Carla Camurati

Elenco Marco Nanini, Walderez de Barros, Laura Cardoso, Ida Gomes, Tonico Pereira, Ilka Soares, Camila Amado, Louise Cardoso, Joana Fomm, Miriam Pires.

*Dead in the Water* (Governanta)

Produção alemã - Direção: Gustavo Lipsztein

Elenco: Henry Thomas, Dominique Swain, Scott Bairstow, José Wilker, Lavínia Vlasak.

**Televisão - Programas**

**TV Tupi - SP**

*Câmera Um*
Direção: Jacy Campos
Teatro ao vivo – 1953/1957 (às 6as. feiras)

*Teatrinho Troll*
Direção: Fabio Sabag
Teatro ao vivo – 1955/1956 (aos domingos)

*Em cena do* Teatrinho Trol

*Teatro de Comédia Imperatriz das Sedas*
Direção: Carlos Frias, Mario Provenzano, Maurício Sherman, Carlos Durval
Teatro ao vivo - 1953/1967

**TV Tupi – Rio**

*Chico Anysio Show*
Programa Humorístico

*Almoço com as Estrelas*
Apresentação: Aerton Perlingeiro
Programa de Auditório - 1957 a 1960



**TV Record - SP**

*A Família Trapo* (Helena)
Direção: Manoel Carlos, Nilton Travesso, Carlos Alberto da Nóbrega
Programa humorístico ao vivo – 1967/1971
Elenco: Ronald Golias, Jô Soares, Cidinha Campos, Ricardo Corte Real, Otelo Zeloni

*Você é o Detetive*
Direção: Nilton Travesso, Carlos Alberto da Nóbrega - Teatro

*Esta Noite se Improvisa*
Direção: Manoel Carlos, Nilton Travesso, Tuta Carvalho, Raul Duarte
Apresentador: Blota Júnior - Variedades

**TV Bandeirantes - SP**



*Bronco*
Direção: Ronald Golias - Teatro gravado

*Dulcinéia Vai à Guerra*
Direção: Henrique Martins
Seriado - dezembro/1980 a março/1981

**TV Rio**

*Ondas e Estrelas*
Apresentação: Cesar Ladeira

Programa de Auditório - (1958)
Com os cantores da Rádio Nacional
*Também fazia direção, figurino, produção no programa.*

*Caboclo aponta o Sucesso*
Apresentação: Cesar Ladeira
Programa de Auditório - 1956
*Programa era patrocinado pelo Café Caboclo.*

*A Vila da Nossa Amizade*
Direção: Victor Berbara

Seriado - Década de 50.

**TV Excelsior**

*Times Square*
Direção: Carlos Manga
Programa de Variedades - 1963/1966.

*A Cidade se Diverte*
Programa de Variedades.

*Programa Vovô Deville*
*Paródia aos programas do Vaudeville francês.*

**SBT**
*Programa Silvio Santos* - Auditório .

## Televisão – Novelas e Séries

**TV Globo**
**1971**
*Minha Doce Namorada* (Anita) 
De Vicente Sesso - Direção Daniel Filho.

**1972**
*Bicho do Mato* (Arlete)
De Renato Correia de Castro e Chico de Assis
Direção: Moacyr Deriquem.

*A Patota* (Carmem)
De Maria Clara Machado - Direção Reynaldo Boury.

**1973**

*O Semideus* (Paloma)

De Janete Clair - Direção Daniel Filho.

**1974**

*Corrida do Ouro* (Suzana)

De Lauro Cesar Muniz - Direção Reynaldo Boury.

**1978**

*Pecado Rasgado* (Raquel)

De Silvio de Abreu - Direção Regis Cardoso.

*Em* Pecado Rasgado, *com João Carlos Barroso e Rogério Fróes*

**1980**

*Chega Mais* (Agda)

De Carlos Eduardo Novaes, Walter Negrão

Direção: Gonzaga Blota.

*Em* Chega Mais

**1981**

*Jogo da Vida* (Aurélia Creonte)

De Sílvio de Abreu - Direção: Roberto Talma.

**1983**

*Pão Pão, Beijo Beijo* (Loreta)

De Walter Negrão - Direção Gonzaga Blota e Henrique Martins.

*Em* Pão Pão, Beijo Beijo, *com Lélia Abramo*

**1984**

Transas e Caretas (1984)

De Lauro Cesar Muniz

Direção: José Wilker e Mário Márcio Bandarra.

*Corpo a Corpo* (Zoraide)

De Gilberto Braga - Direção Dennis Carvalho e Jayme Monjardim.

*Com Lauro Corona, Heloísa Mafalda e Andréa Beltrão*

**1990**

*Mico Preto* (Amelinha)

De Marcílio Moraes, Leonor Basseres e Euclydes Marinho - Direção: Dennis Carvalho e Denise Saraceni.

*Em* Mico Preto

**1994**

*Memorial de Maria Moura* (Aldenora)

Minissérie de Jorge Furtado e Carlos Gerbase, adaptado da obra homônima de Raquel de Queiroz. Supervisão Artística: Carlos Manga Direção: Roberto Farias.

*Em* Memorial de Maria Moura

**1997**



*Malhação* (Jasmim)

Vários autores.

**TV Manchete**

**1990/1991**
*Ana Raio e Zé Trovão*
Direção: Jayme Monjardim.

**TV Bandeirantes – RJ** (parceria com TV Plus)

**1995/1996**
*A Idade da Loba*
Direção: Jayme Monjardim.



## Teatro - dramaturgia

*Sábado, Domingo e Segunda*
Direção: José Wilker
Elenco: Ary Fontoura, Guilherme Karam, Paulo Goulart.

## Disco

***Canções de Amor***
*Renata Fronzi canta com Orquestra do maestro Leo Perachi.*

"No meu tempo, a gente gravava cantando junto com a orquestra, tinha que ter voz. Hoje em dia, faz-se primeiro a voz e depois a orquestra. Eu gravei músicas do Haroldo Barbosa, Antônio Maria e outros".

*Renata na praia de Copacabana (acima) e em Buenos Aires, com Yara Cortes (ao lado)*

**Créditos das fotografias:**

pág.146 - acervo Marcelo Pestana
pág. 174 a 177/179 - CEDOC TV Globo - Nelson Di Rago
pág. 178/179 - CEDOC TV Globo - Jorge Baumann

Demais fotografias: acervo pessoal de Renata Fronzi

COLEÇÃO APLAUSO

A *Coleção Aplauso*, concebida e editada pela Imprensa Oficial do Estado de São Paulo, se tornou um sucesso de venda e de repercussão cultural. Coordenada pelo crítico Rubens Ewald Filho, a Coleção resgata, para um público amplo, a vida e a carreira de grandes intérpretes, diretores e roteiristas do cinema, do teatro e da televisão brasileira.

Vários fatores se somam para explicar a gratificante aceitação. São escritos, em sua maioria, por jornalistas especializados, que se baseiam depoimentos dos próprios biografados, resultando em textos diretos, fluentes, entremeados de episódios divertidos. Publicados em formato de bolso e com adequado projeto gráfico, os livros trazem fotos inéditas do acervo pessoal de cada biografado de relevante interesse artístico e histórico.

A escolha dos biografados representa outro fator decisivo para o interesse despertado pela Coleção. São personalidades representativas rememorando suas trajetórias de vida, sua formação prática e teórica, seus métodos de trabalho, suas realizações e – em alguns casos – suas frustrações, recuperando assim a própria história acidentada do cinema, do teatro e da televisão em nosso país.

A Coleção, que tende a ultrapassar os cem títulos, já se afirma e reúne um time ilustre e variado, de dar orgulho a qualquer brasileiro. São atores e atrizes, como Bete Mendes, Cleyde Yaconis, David Cardoso, Etty Fraser, Gianfrancesco Guarnieri, Irene Ravache, John Herbert, Luís Alberto de Abreu, Nicette Bruno e Paulo Goulart, Niza de Castro Tank, Paulo José, Reginaldo Faria, Ruth de Souza, Sérgio Viotti, Walderez de Barros. Diretores, como Carlos Coimbra, Carlos Reichenbach, Helvécio Ratton, João Batista de Andrade, Rodolfo Nanni e Ugo Giorgetti. Atores que também se tornaram diretores, como Anselmo Duarte, o único brasileiro a arrebatar até hoje a Palma de Ouro no Festival de Cannes, na França.

Além dos perfis biográficos, que são a marca da Coleção, ela inclui projetos especiais, com formatos e características distintos, como as excepcionais pesquisas iconográficas sobre Maria Della Costa, Ney Latorraca e Sérgio Cardoso. Publicamos, também, roteiros históricos, como *O Caçador de Diamantes*, de Vittorio Capellaro, de 1933, considerado o primeiro roteiro completo escrito no Brasil para ser filmado, ao lado de roteiros mais recentes, como *O Caso dos Irmãos Naves*, de Luís Sérgio Person, *Dois Córregos*, de Carlos Reichenbach, *Narradores de Javé*, de Eliane Caffé. Destaca-se a excepcional obra *Gloria in Excelsior*, organizada por Álvaro de Moya, sobre a ascensão, apogeu e queda da TV Excelsior, que mudou o jeito de fazer televisão no Brasil. Muitos leitores se surpreenderão quando descobrirem que vários dos diretores, autores e atores que promoveram o crescimento da TV Globo, nos anos 70, foram forjados nos estúdios da TV Excelsior, que sucumbiu juntamente com o grupo Simonsen, perseguido pelo regime militar. Nesse sentido, a obra de Moya acaba retratando mais do que a trajetória de uma rede de televisão, uma época histórica do País.

Contudo, se algum fator de sucesso da *Coleção Aplauso* merece ser mais destacado do que outros, é o interesse do leitor brasileiro em conhecer o percurso cultural de seu país. Precisa apenas dispor de fontes de informação atraentes e acessíveis. É isso que a Imprensa Oficial propiciou ao criar a *Coleção Aplauso*, pois tem consciência de que toda nação que esquece sua história cultural, fica mais pobre espiritualmente, arriscando-se a perder sua identidade.

Hubert Alquéres
Diretor-presidente da
Imprensa Oficial do Estado de São Paulo

## Títulos da Coleção Aplauso

### Perfil

*Djalma Limongi Batista - Livre Pensador*
Marcel Nadale

*Anselmo Duarte - O Homem da Palma de Ouro*
Luiz Carlos Merten

*Carlos Coimbra - Um Homem Raro*
Luiz Carlos Merten

*Rodolfo Nanni - Um Realizador Persistente*
Neusa Barbosa

*João Batista de Andrade -*
*Alguma Solidão e Muitas Histórias*
Maria do Rosário Caetano

*Carlos Reichenbach -*
*O Cinema Como Razão de Viver*
Marcelo Lyra

*Ugo Giorgetti - O Sonho Intacto*
Rosane Pavam

*Aracy Balabanian - Nunca Fui Anjo*
Tania Carvalho

*Renata Fronzi - Chorar de Rir*
Wagner de Assis

*Rubens de Falco - Um Internacional Ator Brasileiro*
Nydia Licia

*Renato Consorte - Contestador por Índole*
Eliana Pace

*Carla Camurati - Luz Natural*
Carlos Alberto Mattos

*Rolando Boldrin - Palco Brasil*
Ieda de Abreu

*Sonia Oiticica - Uma Atriz Rodrigueana?*
Maria Thereza Vargas

## Cinema Brasil

*De Passagem*
Roteiro de Cláudio Yosida e Direção de Ricardo Elias

*Bens Confiscados*
Roteiro comentado pelos seus autores
Carlos Reichenbach e Daniel Chaia

*Cabra-Cega*
Roteiro de DiMoretti, comentado por Toni Venturi
e Ricardo Kauffman

*A Dona da História*
Roteiro de João Falcão, João Emanuel Carneiro e Daniel Filho

*Como Fazer um Filme de Amor*
José Roberto Torero

*Dois Córregos*
Carlos Reichenbach

*Narradores de Javé*
Eliane Caffé e Luís Alberto de Abreu

*O Caso dos Irmãos Naves*
Luís Sérgio Person e Jean-Claude Bernardet

*Casa de Meninas*
Inácio Araújo

*O Caçador de Diamantes*
Vittorio Capellaro comentado por Maximo Barro

## Teatro Brasil

*Antenor Pimenta e o Circo Teatro*
Danielle Pimenta

*Trilogia Alcides Nogueira - ÓperaJoyce - Gertrude Stein, Alice Toklas & Pablo Picasso - Pólvora e Poesia*
Alcides Nogueira

*Alcides Nogueira - Alma de Cetim*
Tuna Dwek

## Ciência e Tecnologia

*Cinema Digital*
Luiz Gonzaga Assis de Luca

## Especial

*Dina Sfat - Retratos de uma Guerreira*
Antonio Gilberto

*Maria Della Costa - Seu Teatro, Sua Vida*
Warde Marx

*Sérgio Cardoso - Imagens de Sua Arte*
Nydia Licia

*Ney Latorraca - Uma Celebração*
Tania Carvalho

*Gloria in Excelsior - Ascenção, Apogeu e Queda do Maior Sucesso da Televisão Brasileira*
Álvaro Moya

fotolito, impressão e acabamento

**imprensaoficial**

Rua da Mooca, 1921 São Paulo SP
Fones: 6099-9800 - 0800 123401
www.imprensaoficial.com.br